EFRAIM OG JUDA
ISRAELS HEMMELIGHET

Av Batya Ruth Wootten

Forord av Angus Wootten

Efra'im og Juda Israels Hemmelighet av Batya Ruth Wootten
Forord av Angus Wootten

Originalens tittel: Efraim and Judah Israel Revealed
Omslagsbilde: 'Two sticks'. Laget av Crystal Lenhart
Publisert I USA av: Key of David Publishing, Saint Cloud, FL, 34770
Distribuert av: Messianic Israel Ministries,
PO Box 700217Saint Cloud, FL 34770 http://www.mim.net.
Oversatt og bearbeidet til Norsk ved Inger Berit Michalsen,
Randi Norheim og Elin Bø.
Norsk utgave: www.oljetreet.no, post@oljetreet.no

Alle sitater brukt med tillatelse.
Hvis ikke ellers bemerket, er de Hellige Skriftsitater fra Norsk Bibel 1988.
Vers merket KJV er fra King James Bibel Versjon. Vers merket Lamsa er
fra The Holy Bibel Fra Ancient Eastern Manuscripts, © 1968 ved
A. J. Holman, Nashville.
Vers merket NIV er fra den Nye Internasjonale Versjonen, © 1995 ved The
International Bibel Society, publisert av Zondervan Publishing House,
Grand Rapids. Vers merket TAB er fra The Ampilified Bibel, © 1964 ved
Zondervan Publishing House, Grand Rapids. Vers merket TNKH er fra
Tanakh, A New Translation of The Holy Scriptures, © 1985 av The Jewish
Publication Society. New York. Vers fra 26 Oversettelser av The Holy Bible,
© 1985 ved Zondervan Korporasjon, Mathis Publisher, Atlanta, er merket
i henhold til den spesielle oversettelsen. Anmerkninger: For å understreke
noen skriftsteder, er det brukt kursiv eller et vekslende ordvalg, spesielt
for navnene Far og Sønn. Også med alle vers, unntatt the Amplified Bible
(TAB), parentes [] angir tekst som blir lagt til av forfatteren. For fullstendig
Bibliografi informasjon, vennligst se forfatterens bok, Hvem Er Israel? ISBN
1-886987-11-4

INNHOLD

TAKK

Spesiell takk til Dr. David Cavallaro,
hans kone, Gloria (Forfatter, My Beloved Israel),
hvis støtte og oppmuntring,
gjorde denne boka mulig.

O hus
av Efra'im
Israel og hus av
Juda . . . Faderen kalte
deg et grønt oljetre, vakkert i
frukt og form. Men på grunn av
dine synder, uttalte Han ondt mot
deg. Men ta til hjerte, O hus av Israel, ta
til hjerte O hus av Juda, Faderen har lovet:
« Det vil komme, etter at jeg har rykket dem
opp og har spredt dem, etter at noen har blitt som
degenerert, fremmed vin, da vil Min medlidenhet
igjen bli tent og Jeg vil igjen samle dem. Jeg vil hente
dem tilbake, hver og en til hans egen arv, hver og en
til hans eget land. Ja, dette er Mitt løfte til dem.
For disse to olivengrener er Mine to utvalgte
vitner. Og jeg vil gi dem myndighet, for
de er den nye oljes to sønner som
står ved jordens Herre.

Jeremia 2:18-21;
11:10,16-17; 12:15;
Hosea 1-2;
Sakarja 4:11-14;
Åpenbaringen 11:3-4.)

NOEN BEGREPER

YHVH- יהוה

Vi bruker disse fire bokstavene for å tilkjennegi navnet til den Eneste Sanne Gud, som ofte er feilaktig oversatt med "Herren". Jødisk historie har tradisjon for å unngå å bruke det og kristne har fulgt deres eksempel. Skaperens navn består egentlig av fire hebraiske bokstaver,..., yod, hey, vav, hey og er oversatt på ulike måter: Yahweh, Yahveh, Yahvah, Yehovah, etc. Vi vil bruke de fire engelske bokstavene som best samsvarer med lyden på de hebraiske bokstavene (som de uttales på moderne hebraisk), YHVH. På denne måten kan leseren selv avgjøre om og hvordan det skal uttales.

Yeshua- ישוע

Yeshua er det hebraiske/arameiske navnet Messias fikk. Det betyr "Frelse" (Matt. 1:21). Jesus stammer fra den Greske oversettelsen av Yeshua, eller Iesous. Grekerne forandret navnet Hans fordi deres språk ikke hadde "sh" lyd, og fordi de la til en "s" på enden av guttenavn. Den Greske oversettelsen ble deretter tilpasset Engelsk på en tid da den engelsek bokstaven "J" uttaltes med samme lyd som dagens "Y". Navnet ble uttalt "Yesus", veldig likt den greske oversettelsen. Uansett, da uttalen på den engelske "J" forandret seg, ble navnet uttalt som "Jesus". Derfor velger vi å oversette Messias navn fra hebraisk til engelsk som "Yeshua".

Ephraim– אֶפְרַיִם

Navnet Efraim ble gitt til Josefs andre sønn. Det betyr "fruktbar".
Dette navnet ble brukt til å beskrive de ti stammene i Nord-riket,
også kjent som riket Israel. Ordet "Efraimitt" ble også noen ganger
brukt for å beskrive de som tilhørte Nord-riket (i motsetning til
Sør-riket/Juda). Folket som tilhørte Efraim mistet sin identitet
etter at de ble bortført av Assyrerne (rundt 722 f.kr). Vi vil bruke
dette navnet til å beskrive dem som er kjent som de "ti tapte
stammene", og hovedsaklig om de ikke-Jødiske Messias troende
(1. Mos. 41:52; 2 Kong. 17:34, 1 Kong. 12:21; Esek. 37:15-28).

Torah– תּוֹרָה

Undervisning, instruksjoner (menneskelige eller Gudegitte),
veiledning, ofte kalt "Loven". Den Allmektige sier at han elsket
Abraham fordi han holdt hans lover, eller "Torah" (1. Mos. 26:5).
Abraham levde etter "ånden" i Faderens Torah før den ble gitt
skriftlig til Moses. Alle som ønsker å oppnå lykke, bør på samme
måte la seg lede av vår Fars forskrifter. Moses sa om dem, "Se, jeg
har lært dere lover og bud, slik som Herren min Gud bød meg,
for at dere skal gjøre etter dem i det landet dere drar inn i og skal
ta i eie. Så skal dere da ta vare på dem og holde dem, da vil andre
folkeslag se for en visdom og forstand dere har. For når de får
høre om alle disse lover, vil de si: Sannelig, et vist og forstandig
folk er dette store folket." (5. Mos. 4:5-6)

Kong David sa om denne undervisningen, "Salige er de som
går de oppriktiges vei, som vandrer i Herrens lov. Salige er de som
tar vare på hans vitnesbyrd, som søker ham av hele sitt hjerte,
og ikke gjør urett, men vandrer på hans veier. Du har gitt dine
befalinger for at en skal holde dem nøye. Å, at min ferd måtte bli
stø, så jeg holder dine forskrifter! Da skal jeg ikke bli til skamme,
når jeg gir akt på alle dine bud." (Salme 119:1-6)

Som troende i følge Det Nye Testamentet, er vi ved tro frelst av nåde og ikke ved gjerninger, ved Messias utgytte blod og ved vårt vitnesbyrd. Det er med denne forståelsen av alt det vår Messias har gjort for oss, og ved vår forfader Abrahams vise og tydelige tro, at vi snakker om å ære Toraens visdom.

DET ER TO HOVED GRENER I ISRAELS OLJETRE: EFRA'IM OG JUDA

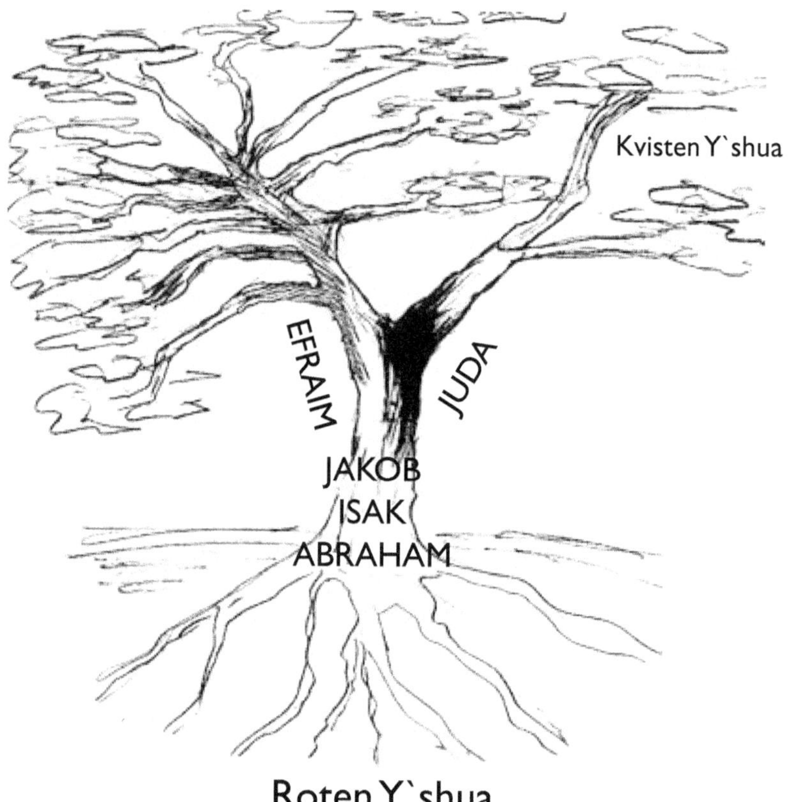

Når Faderen først kalte 'Israel' et 'oljetre', sa Han uttrykkelig at Han talte til: «Israels hus og Judas hus» (Jer 11:10). Y'shua sa, «jeg er Davids rotskudd.» Og, Jasaia kaller Messias 'en kvist/ rotskudd'. (Åp 22:16; Jes 11:1).

DET PROFETISKE KALL

O «*Israels hus og Judas hus . . . Herren kalte deg et grønt oljetre, prydet med fager frukt*» (Jeremia 11:10,16).

Og YHVH sier, «*Se jeg tar Josefs stav, som er i Efra'ims hånd, og Israels stammer, hans medbrødre, og jeg legger dem til Judas stav og gjør dem til en stav, så de blir til ett i min hånd.*» (Esekiel 37:19).

«*I de dager skal Judas hus gå til Israels hus. De skal komme sammen fra landet i nord til det land jeg gav deres fedre til arv*» (Jeremia 3:18).

«*Og det skal skje at likesom dere var en forbannelse blant folkeslagene, du Judas hus og du Israels hus, så vil jeg nå frelse dere, så dere skal bli en velsignelse. Frykt ikke! La hendene være sterke*» (Sakarja 8:13).

«*Da skal Efra'ims misunnelse vike, og de som overfaller Juda, skal bli utryddet. Efra'im skal ikke misunne Juda og Juda ikke overfalle Efra'im. De skal slå ned på filisternes skulder mot vest. Sammen skal de plyndre Østens barn. På Edom og Moab skal de legge hånd, og Ammons barn skal lyde dem. Herren skal slå havbukten ved Egypt med bann og svinge sin hånd over elven med sin sterke storm. Han skal kløve den til sju bekker, så en kan gå over den med sko*» (Jesaja 11:13-15).

«*I de dager og på den tid, sier Herren, skal Israels barn komme, de og Judas barn sammen. De skal gå og gråte, og Herren sin Gud skal de søke. De skal spørre etter veien til Sion, hit er deres åsyn vendt: Kom og gi dere til Herren ved en evig pakt, som ikke blir glemt»* (Jeremia 50:4-5).

«Se, dager kommer, sier Herren, da jeg vil opprette en ny pakt med Israels hus og med Judas hus. Den skal ikke være som den pakt jeg opprettet med deres fedre på den dag da jeg tok dem ved hånden ut av landet Egypt, den pakt med meg som de brøt, enda jeg var deres ektemann, sier Herren. Men dette er den pakt jeg vil opprette med Israels hus etter de dager, sier Herren: Jeg vil gi min lov i deres sinn og skrive den i deres hjerte. Jeg vil være deres Gud, og de skal være mitt folk. De skal ikke lenger lære hver sin neste og hver sin bror og si: Kjenn Herren! For de skal alle kjenne meg, både små og store, sier Herren. For jeg vil forlate deres misgjerning og ikke lenger komme deres synd i hu.» (Jeremia 31:31-34).

«Derfor blir Jakobs misgjerning ut-sonet. Og det at hans synd blir tatt bort, gir full frukt når alle altersteiner blir knust som kalksteiner, og Astarte-bilder og solstøtter ikke reiser seg mer.» (Jesaja 27:9).

«Vend tilbake til festningen, dere fanger som har håp! Også i dag forkynner jeg at jeg vil gi dere dobbelt igjen. For jeg spenner Juda som min bue og legger Efra'im på buen. Jeg egger dine sønner, Sion, mot dine sønner, Javan. Jeg gjør deg lik en kjempes sverd. Og Herren skal åpenbare seg over dem. Hans pil skal fare ut som lynet. Herren Herren skal blåse i basunen og fare fram i stormen fra sør.» (Sakarja 9:12-14).

Shema Israel.
Hør og adlyd kallet fra Israels Hellige.

FORORD

Jeg har registrert at Israels Gud ofte bruker menn og kvinner som samarbeider for å holde Sin plan for Israel på rett kurs. Av og til velger Han spesielt å bruke kvinnen. Eksempelvis brukte Han Sara for å sikre at løftet gikk til Isak i stedet for til Ishmael (den Abraham ville ha valgt), og Han brukte Rebekka for å hindre Isaks plan om å gi løftet videre til Esau snarere enn til Jakob (som YHVH hadde valgt)(1. Mos 21:9-12; 27:4-10).

Jeg er takknemlig for at Faderen har brukt min kone, Batya, og hennes trofasthet til å holde oss på rett kurs. På grunn av hennes utholdenhet, kan vi nå forstå «Israel», og kan derfor bli brukt av Den Hellige til å gjennomføre Hans vilje, å ha et eiendomsfolk.

I begynnelsen av syttitallet ble vi dypt involvert i den nye Messiansk- Jødiske Bevegelsen, hvor vi møtte to grunnleggende spørsmål. Først måtte vi finne en måte de jødiske troende kunne lære å kjenne Y'shua som sin Messias, uten å måtte gi opp sin jødiske arv. Deretter måtte vi presentere Israels Messias for kirken fra et jødisk perspektiv, og legge fram Torahens (Loven) evige sannheter og innholdet i Israels høytider.

Fra begynnelsen tiltrakk bevegelsen seg «hedningene». Faktisk var det flere ikke-jøder som støttet læren enn jøder. Ikke-jødene hadde to motiver: De ønsket å støtte deres jødiske brødre, og utveksle ulike tradisjoner rundt Faderens Torah og Hans høytider. Også de ble trukket mot denne nye sammenkomsten av Israel.

Vi støttet virkelig innsatsen til våre jødiske brødre i startfasen. Blant annet etablerte vi noe helt nytt: *The House of David Messianske Material Katalog.*

Målet med denne banebrytende katalogen var å utvikle og distribuere materiale som kunne hjelpe de troende til å forstå både deres «røtter» og deres jødiske brødre.

Men jo mer vi leste og grunnet, desto mer bekymret ble vi for dem som anses som «ikke-jøder». Identiteten til de messianske jødene ble fastsatt ut fra et «synlig» jødisk opphav (eller at de var gift med en jøde). Disse «fysiske jødene» som aksepterte Messias ble da godtatt som «åndelige jøder» også. På den annen side ble «hedninger» som sluttet seg til bevegelsen akseptert som bare «åndelige» arvinger, og det var ikke noen måte for dem å oppnå den doble utvelgelsen de messianske jødene hadde.

Denne standarden resulterte i to klasser av medlemskap - som snart skapte problemer. Mange ikke-jøder følte seg som annenrangs medlemmer. I søken etter en løsning, oppfordret jeg lederskapet til å etablere en «konverterings prosedyre» som ville gjøre alle like, både «fysisk» og «åndelig».

Dette forslaget var uakseptabelt for de fleste og etter at min kone hadde grunnet over ideen fant hun også den helt uakseptabel. Hun resonerte slik: alle må omvende seg, men hvis en også må «konvertere for å bli en førsteklasses borger,» da må man jo være født feil i første omgang. Hun sa ofte; *«En forgjengelig manns erklæring vil ikke forandre fakta om hvem jeg er. Det jeg trenger å vite er; Hvem er jeg for Faderen»?*

Læren som ble lagt fram om rollene til «Israel og Kirken», syntes ikke å stemme med hva vi så i den Hellige Skrift. Dette faktum, pluss utfordringen med å finne bibelske bøker om Israel til vår Katalog, ledet Batya til å rope til Faderen med spørsmålet; *«Hvem er Israel»?*

Essensen i Faderens svar på dette viktige spørsmålet vil du

finne i denne kortfattete boka. Visselig vil den Hellige Ånd bruke dette, sammen med hovedboken, *Hvem Er Israel?* til å hjelpe et troende Israel tilbake på veien «La ditt rike komme på jorden, som det er i himmelen». Det vil hjelpe oss tilbake på riktig kurs, og dermed legge til rette for Messias tilbakekomst og gjenopprettelse av Israels Kongerike.

Denne korte oversikten gir svar på «Israel» spørsmålet. Den viser hvordan Israel ble delt inn i to hus, Efra'ims (Israel) hus og Judas hus. Den tydeliggjør at vår Far nå fører dem sammen igjen. Videre fremkommer to andre livsforvandlende spørsmål: *Hvor er Israel nå? Hva er Israels skjebne?*

På et dypt personlig nivå, vil denne løsningsorienterte boken hjelpe deg å svare på følgende spørsmål: *Hvem er du for Faderen? Hvorfor føler du som du gjør om Israel. Og hva er din individuelle skjebne?*

Jeg tror min kone ble kalt til å skrive den første av bøkene våre, fordi hun er vårt teams «nit-picker», den som er opptatt av detaljer, (du trenger en av dem til forskningsformål). Hun er aldri villig til å fastsette noe som helst mindre enn den absolutte sannheten, uansett konsekvenser. Dessuten er hun den som er best til å ordlegge seg av oss to. Men hennes bøker taler for oss begge. Hvert eneste ord. Jeg føler imidlertid at det er enda en grunn til at hun er spesielt kalt til å skrive om dette emnet.

Jeg tror at YHVH vil at disse endetids sannheter skal presenteres av den feminine siden av Hans skapelse. Dette fordi vi må alle lære å *ta vare på* hverandre for å gjenforene et splittet Israel. Vi må lære å være tålmodige, å elske og å oppmuntre hverandre. I vår gjenopprettelse må vi først vise oppmuntrende "morskjærlighet" til dem som er «annerledes».

I Faderens storartede design, avgjør mødrene som oftest krangler mellom barna. Veldig ofte oppførte Efra'im (Israel) og Juda, Kristne og Jøder, seg som kranglete, sjalu barn. Før deres gamle tvister virkelig kan avgjøres må begge korrigeres rettferdig og likt (5 Mos 25:13-16; Ordsp 20:10).

Det gjenforente Israel som kommer frem fra adskillelsens skjød, vil bli som sønner som først må lære å gi akt på «deres mors *lære*» (Ordsp 1:8; 6:20). For Skriften formaner oss "forlat ikke din mors torah (lære)[1]». Vår mors torah, eller lære, handler oftest om vårt hjertelag.

Barns opplæring begynner hovedsakelig hos deres mødre. Bare når en sønn har modnet og har utviklet sitt hjertelag, blir han overgitt til sin far, som deretter utdanner ham til *«bar mitzvah»* (sønn av budene).

En riktig hjerteholdning er nødvendig for å leve etter Faderens Torah. Siden kvinner ofte er mer intuitive enn menn, er de vanligvis mye bedre på å nå inn til hjertet av en sak, enn faktum-orienterte menn.

Vi må bruke hjertet for å gjenforene Israel. Det virker som vår Far ofte har brukt kvinner til å få menn i bevegelse, og denne generasjonen av menn må være tent av trofasthetens ild. Det er altfor mange som heller vil sitte og se etter tegn enn å dra ut og skape undere.

I Deboras ånd, utsteder Batya et kall til de som sitter og venter som Barak. Hennes oppmuntrende kall er: *«Stå opp, Israels barn av Israel! Tro at Faderen har gitt dine fiender i dine hender!»* (Dommerne 4-5). Hennes rop er en kunngjøring, for dagen er nær når den Hellige av Israel gjør Efra'im og Judas "staver" til en i Hans hånd (Esek 37:15-28)! I dag er dagen når YHVH Tsavaot, Hærskarenes Herre, kaller frem hæren av Israel!

Det er suverent bestemt at Efra'im og Juda vil seire over sine fiender til slutt. De vil forberede tilbakekomsten av Kongen vår og hjelpe til med å etablere kongerike Hans her på jorden (Jes 11:11-16). Vi vil ta del i den seieren.

Til slutt vil jeg si at den innsikten Gud har gitt oss, og som du finner i våre bøker, har ført til radikal* forandring i livet mitt. Det har virkelig forandret meg. Videre har jeg sett den samme innsikten dramatisk forandre livene til titusener. Og jeg vet at det kan forandre deg! Så jeg ønsker deg velkommen til rekkene av de som er radikalt forandret - til mengden av forløpere som forberedes for dagen når det gjenopprettede Kongeriket av Israel overtar for kongerikene av denne verden!

Angus Wootten
Direktør
 Messianic Israel Alliance
Saint Cloud, Florida

---

[1] *Se House of David Herald, volum elleve bok ti, Mammas Torah.*

Radikal – "å gå til roten".

INNLEDNING

Hvem er Israel? Vårt svar til dette spørsmålet er ytterst viktig for hver og en av oss; fordi det fastsetter hvordan vi forstår Skriften, og hvem vi tror er Faderens «utvalgte» folk, det definerer også vårt syn på Hans endetids-plan for Hans folk.

Hvem er vår Himmelsk Fars «utvalgte» folk, de «kristne» eller «jødene»? Kan det bibelske svaret inkludere begge folkegruppene? (5 Mos 7:6; 1 Pet 1:1; 2:9).

For å svare på dette spørsmålet må vi begynne med ideen om det «fysiske Israel», for, bevisst eller ikke, er fysisk nedstamming den vanlige standarden som blir anvendt når folk forsøker å definere hvem de tror folket «av Israel» er. Selv de som hevder å være det «åndelige Israel» antar at de ikke er av det «fysiske Israel», og proklamerer ofte at det å være en del av det fysiske Israel, er uviktig.

Hvorfor er det viktig for troende[2] i Messias av Israel (Y'shua[3]) å vite om de er del av Israel? Faderen sier, «Min sønn, min førstefødte, er Israel» (2 Mos 4:22). Som også kan sies slik, «Israel» er Hans «førstefødte». Israel er tittelen på en fødselsrett som er av stor betydning for Faderen. Husk hva Han sa om Esau, som foraktet sin fødselsrett?

«Jeg har elsket Jakob; men jeg har hatet Esau. ..men vil kalle [Esau]... det folk som YHVH[4] er vred på til evig tid» (Mal 1:2-4).[5]

De som tror på den nye pakt er advart, «Se til at ingen er ...gudløse som Esau, som for et enkelt måltid solgte sin arverett som den eldste sønnen». Fordi, «etterpå, som du vet, da han ville arve velsignelsen, ble han avvist. Han kunne ikke hente fram noen forandring i sinnet [ikke noe plass for anger], selv om han søkte det med tårer» (Heb 12:15-17, NIV).

Det er avgjørende at vi forstår Israel, vi skal dermed først skissere et par viktige punkter:

Israel: Delt Ved Den Allmektige.

Abraham ble far til Isak, som ble far til Jakob (senere kalt Israel), som ble far til tolv sønner, kjent som de tolv stammene av Israel. Etter Kong Solomons død (sønn av Kong David) ble Israels stammer delt inn i to hus eller kongeriker: Efra'im (Israel) og Juda. Solomons sønn, Rehabeam, ble konge i det sydlige Kongeriket av Juda, og han ville tvinge det Nordlige Kongeriket (Efra'im/Israel) til å underlegge seg hans styre. Imidlertid advarte YHVH ham, «Dere skal ikke dra opp å kjempe mot deres brødre... for det som har hendt, er kommet fra Meg» (2 Krøn 11:4).

Israel: Ennå ikke gjenforent

Noen mener at de to husene av Israel allerede er blitt gjenforent. Dette kan imidlertid ikke være sant fordi kjennetegnene til et fullstendig gjenopprettet Israel er frihet fra synd, å leve trygt i landet, og å være under styre til Kongenes Konge. Det er tydelig at disse forholdene ikke er oppfylt, og derfor kan Israels to hus umulig ha blitt fullt gjenopprettet enda. Som troende forstår vi at Israels enhet oppfylles i Messias Y'shua, men Israel har ennå ikke nådd den endelige fylde (Esek 37:22-26; Jes 27:9; Sak 8:3,7-8,13; Ef 2).

«Øyenvitnene» - Delt inn i «to»

Hvorfor tillot Faderen at Israel ble delt?

«Dere er mine vitner,» sier Han om Israels barn (Jes 43:10).

Israels får er kalt til å være «vitner», selv om vitnesbyrdet både kan være positivt eller negativt, for «Guds gaver og kall er <u>uten anger</u>» (KJV).

Israel er kalt til å vitne for verden at det finnes ingen "GUD" foruten YHVH. Hun skal proklamere at YHVH er «JEG ER» og før Ham var ingen Gud, etter Ham skal ingen komme og det er ingen Frelser foruten Ham (Jes 43:8-13; 44:8; Luk 2:11).YHVH kan ikke bryte Sin egen lov og det det byr på problem at Israel er *en*. Han er den fullkomne forfatter av Israels pakter, både den Gamle og Nye. I Hans inspirerte bøker stadfester Han en lov som krever at alle ting blir stadfestet av *to eller flere vitner...*

To Hus - To Vitner

I Israel må det være to eller flere vitne før en sak kan stadfestes, bli bekreftet eller bli trodd. Messias Y'shua og apostelen Paulus opprettholder dette prinsippet. I følge både Den Gamle og Den Nye pakt, må en sak bekreftes av «to eller flere vitner». YHVH vil alltid holde seg til Sin egen Torah (eller «Lov»), og Han må derfor også ha to vitner for å bekrefte og stadfeste Sin sannhet - 1. Mosebok til Åpenbaringen[6].

Historisk sett har YHVH hatt to vitner de siste nitten århundrene: Efra'im og Juda, kristne og jøder. Selv om vitneforklaringene deres har vært langt fra fullkomne, er de likevel de *eneste* to folkegruppene på jorden som har «vitnet» om Abraham, Isak og Jakobs Gud.

Begge Hus: Utvalgt til prøvelser.

Den Hellige skrift viser til Efra'im og Judas hus som, «De to familiene som YHVH utvalgte». Og Han sverget at Han en dag vil «gjøre ende på deres fangenskap... og forbarme meg over dem» (Jer 33:23-26).

Disse «to nasjoner" (Esek 35:10; 37:22) er også kalt <u>«begge</u>

Israels hus» (Jesaja 8:14), og i løpet av deres opphold på jorden, er begge kalt til å bli «prøvd». Vi ser dette i at ordet *bachar*, eller *valgt*, også er oversatt til *prøvd*: «Se, jeg renser deg, men ikke som sølv; jeg <u>prøver</u> deg i lidelsens ovn» (Jesaja 48:10).

Israel ble utvalgt til alltid å være «et kongerike av prester og en hellig nasjon». Fordi YHVH elsket deres fedre, *valgte* Han, *bachar*, eller *utvalgte*, deres etterkommere etter dem[7]. Fordi de er *utvalgt* må de ta et *valg*.

«Jeg tar i dag himmelen og jorden til vitne mot dere; livet og døden har jeg lagt fram for deg, velsignelsen og forbannelsen. ..<u>velg</u> da ditt liv, så du kan få leve, du og din ætt». (5 Mos 30,19) Omformulert, Israel er for evig utvalgt for å velge. Israel er også *utvalgt* for å bli *prøvd* (5 Mos 30:19; 28). Så velg i dag hvem dere vil tjene (Josva 24:15).

Efra'im Israel: Forutbestemt til å bli en Melo haGoyim

Skal vi forstå Israel må vi innse, uavhengig av om de er velsignet eller forbannet, at israelittene og deres barn for evig vil være biologiske Israelitter. Videre, akkurat som hvert løfte gitt til det jødiske folket må oppfylles, må også hvert løfte gitt til Judas bror Josef, og følgelig til Josefs sønn Efra'im, oppfylles. Jacob stadfestet at Efraims etterkommerne skulle bli til en «*melo hagoyim*», «en mengde folkeslag» (Første Mosebok 48:19).

Hvor er Efra'im i dag?

Kunne han muligens være blant de ikke-jødiske troende? Kunne røttene til mange troende forlenges mye dypere enn tidligere tenkt? Er det mulig at Faderen åpenbarer sannheten om Efraims identitet som "en del" av Israels folk nå i vår tid?

Det ville i hvert fall forklart hvorfor det nå er så mange troende som føler seg trukket mot Israels høytider og til de evige sannhetene av Torah. Det forklarer også Jeremias profeti om Efra'im som «instrueres», og om at han «kommer til å kjenne seg selv». Dette gir en god forklaring på hvorfor Efraim søker etter sine røtter i nettopp vår tid (Jer 31:18-19).

Som forutsagt av Jesaja har begge hus snublet over Ham som ville være en Tilflukt for dem (Y'shua) - selv om de snublet på forskjellige måter. Juda har snublet i form av at han ikke ser Messias som den Levende Torah, Efra'im har snublet i form av at han ikke kan se sannheten om hans egne israelittiske røtter. Dette skjedde fordi begge delvis ble forherdet. Ingen kunne se tydelig. Men nå er tiden inne for sløret å bli løftet, og for blinde øyne å se. Det er tid for at de «to staver» av Efra'im og Juda til å bli en i Faderens hånd (Jes 8:13-14; Joh 2:19-22; Rom 11:25; Esek 37:15-28).

Gjenopprettelsen inkluderer «Alle»

Israels fulle gjenoppretting inkluderer *alle* som er kalt i Messias. Det inkluderer de som en gang var «borte fra Messias, ekskludert fra nasjonen Israel, og de fremmede til pakten av løftet, uten håp og uten Gud i verden». I Y'shua er de som tidligere var langt borte, ført nær av Hans utgytte blod. «Så er dere da ikke lenger fremmede og utlendinger, men dere er de helliges medborgere og Guds husfolk" (Ef 2:11-22). Denne Guddommelige gjenopprettingen inkluderer «brødre-forhold» til både Juda og Efra'im (Esekiel 37:16).

Det er likt for alle Israelitter, Efra'imitter og Judaitter begynner å se sannheter i den Hellige Skrift som de aldri så før, fordi deres øyne nå blir åpnet[8].

Denne nye innsikten medfører at Israel trer frem fra hennes ulydighets og splittelses grav, og legger bak seg sine fillete romerske og babylonske gravklær. Det får henne til å søke å bli kledd i sannhet og rettferdighet. Hun returnerer til Faderens inspirerte ord, fra Første Mosebok til Åpenbaringen, og i hennes søken etter sannheten blir den hellige skrift levende og får ny betydning. Selv om folk ofte gjør det komplisert, er sannheten om Israels identitet veldig enkel:

For lenge siden delte Faderen Israel inn i to hus: Efra'im (Israel) og Juda. Som Hans «to vitner» ble de sendt i to forskjellige retninger for å tjene to forskjellige formål, å <u>etablere</u> Hans to uforanderlige sannheter av lov og nåde. Og nå på denne siste dagen, vil YHVH ha de to Israels hus til å komme sammen, så de kan oppfylle Hans guddommelig formål og begynne å bekrefte Hans sannhet på jorden.

Det er den enkle essensen av denne boka. Så når du går gjennom de bekreftende versene i denne kortfattede oversikten, vær så snill og huske enkelheten bak det hele:

To hus—To retninger—To forskjellige formål — Nå det er tiden inne til å bringe dem sammen igjen.

Min bønn når du studerer Faderens Ord om Israel, er at Han må opplyse ditt hjertes øyne og holde deg bort fra alle bedrag og menneskelige feil. Måtte du lære å kjenne Hans plan for livet dit. Han kan gi deg frimodighet til å gå i den store planen. Kanskje du kan høre Hans stemme, når Han stille hvisker i ditt øre, «Dette er veien, gå på den» (Ef 1:18; Jer 29:11; Jes 30:21).

Shalom b' Y'shua,
Batya

Fotnoter

[2] *Vi bruker ordet "Troende" til å beskrive de som er kjøpt fri ved Messias blod heller enn "Kristen" fordi det sistnevnte er misbrukt (Matteus 7:23; 1 Co 6:20; 1 Peter 1:17-19).*

[3] *Y'shua er Hans hebraiske/arameiske navn, det betyr «Frelser» (Matteus 1:21).*

[4] *YHVH: Navnet til den ene sanne Gud, omfattet av fire Hebraiske brev, hwhy.*

[5] *Første Mosebok 25:28-34; Obad 1:6-9,17-18; Jer 49:10; Rom 9:13*

[6] *Se nummer 35:30; Femte Mosebok 17:6; 19:15; Johannes 8:17; 2 Korinterne 13:1. Anmerkning: Denne loven åpenbarer også mangfoldet av Israels Gud. For Han erklærte at, «Det skal ikke bare stå ett vitne fram mot en mann» (Fjerde Mosebok 35:30; Femte Mosebok 19:15).I Israel utførelseskrav, et mangfold av vitner. Og av disse versene er et oversatt fra echad, som kan bety et tall, forenet, først, lik, alene, en mann, bare, annen, sammen, samme, enkel, hver (se Sterk Grundig Konkordans, Thomas Nelson, 1984 [og Parson's Teknologi Quickverse Bibel software Program, 1996-99, Cedar Rapids], heretter Strong, #H259; TWOT # 61). Echad blir brukt for å definere vår GUD i Shema, den Femte Mosebok 6:4 bekreftelse av troen: «Hør, Israel. ..Herren er vår Gud, Herren er en [echad].» Echad kan bety både alene—som i bare, eller det kan bety sammen—som i en/forent seg/samme. I de «menneskelige vitnene» må verset, «echad», bli tatt i «dets ulikhet innenfor enhet» betydning. Og mens sannheten om at vår Gud er «En og Eneste GUD» av Israel—er det også sannhet at Hans echad krav må forstås i dets «flertall» form. For, «Den Hellige Skriften kan ikke bli brutt» (John 10:35). Og i Hellig Skriften er YHVH skildret som et «vitne» mot folket av Israel (Mal 3:5; Lev 20:5; Femte Mosebok 32:35; Salme 96:13). Derfor hvis Han er «entall», og har vært et «vitne» mot en mann som leder til døden av den mannen, da har YHVH selv brutt den Hellig Skriften. Hvis Han derimot er et Bibelsk riktig «vitne› mot en mann, da må Han bli forstått i «ulikheten innenfor enhet» betydningen av echad. Ordet forteller oss at Han er «flertall» med Messias Y› shua—Som til slutt vil være både Dommer og Jury (Johannes 5:22-24,30-34: 12:48). Y'shua er det Levende Ordet—Hans Ord vil en dag blir brukt til å dømme hele menneskeheten (Johannes 1:1; Heb 4:12). (Se Huset av David Herold, Vol. 8 Bøker 9, Et Vitne? Av Batya Wootten og Judith Dennis).*

[7] *Den Teologiske Ordbok av det Gamle Testament (heretter TWOT) sier om bachar (valgt), «grunn ideen er tydelig ‹å ta en ivrig titt på› ...derfor.. konnotasjonen av ‹prøve eller å undersøke› funnet i Jes 48:10... er ordet [hovedsakelig] brukt til å uttrykke utvelging som har ytterst og evig betydning» (Moody, 1985, # 231, Vol. Jeg, p 100). Se Andre Mos 19:4-6; Femte Mos 4:37; 7:6-8; 10:15; 1 Pet 1:1; 2:9-10. Valgte: Sterke # H 977. 8 Jer 11:10, 16; 2:18.21; Rom 11:25; Jes 8:14; Første Mos 48:19.*

[8] *Jer 11:10, 16; 2:18,21; Rom 11:25; Jes 8:14; 1.Mos 48:19.*

EN

FLERE ISRAEL—ET ISRAEL

Hvor skal vi rette våre øyne for å få se Israel i all sin herlighet? Mange kristne og jøder lever eksemplariske liv, men for i sannhet å se og forstå Israel, vi må først lære å kjenne det viktigste Israel av alle.

Etter at Faderen kalte Jacob, har de tolv stammene av Israel i to tusen år vært antatt å være Jacobs arvinger - selv om de ble delt i to hus. Så ble det i Israel født en Sønn. Han kalte seg ofte «Menneskesønnen» (Dan 7:13; Matt 12:8; 12:40). Livet og døden til denne Menneskesønnen tjente til å dele Israel igjen. Dette er en konflikt som har pågått i mer enn 2000 år. I dag er det to grupper med folk - mange tilhengere av kistendom og praktisk talt alle tilhengere av jødedommen - som legger beslag på den ettertraktede tittelen «Israel.» Hver gruppe hevder å være de sanne arvingene av patriarkene. De fleste nekter den andre gruppen retten til tittelen. Hva er sannheten? Hvem *er* Israel?

Først og fremst er Israel avbildet i Messias Y'shua. Han er selve symbolet på alt som Israel er kalt til å være. Likevel er de vanligste svarene på «Israel» spørsmålet:

* Jakob, hvis navn ble forandret til Israel,
* Sønnene av Jakob - De tolv stammene
* Landet som ble gitt til de tolv stammene

* Det Gamle-pakts folk av Israels Gud
* De ti stammene av det Nordlige Kongeriket
* Kirken
* Det jødiske folket
* Dagens jødiske stat

Men la oss huske at Messias Y'shua også er kalt Israel. I Jesaja taler både Faderen og Y'shua: «Hør på meg, fjerne kyster [nasjonene] .... Herren har kalt meg fra mors liv av [sier Y'shua],.... Han har gjort min munn til et skarpt sverd. ... Han sa til Meg, ‹Du er Min Tjener, du er Israel, på deg vil jeg åpenbare min herlighet. ›... Og nå sier Herren, som fra mors liv har dannet meg til sin tjener, for å føre Jakob tilbake til ham og samle Israel for ham - ...til å gjenreise Jakobs stammer og føre den frelste rest av Israel tilbake. Så vil jeg da gjøre deg til et lys for hedningefolkene, for at min frelse må nå til jordens ende» (Jes 49:1-6).

Y'shua oppfyller den ovennevnte profetien på mange måter:

Det ble sagt til Maria: «Hun skal føde en Sønn, og. .. gi ham navnet Y'shua, for Han skal frelse sitt folk fra deres synder». YHVH kaller Y'shua, «Min Tjener Som jeg har utvalgt». Y'shua sier, «jeg vil kjempe mot dem med min munns sverd ». Y'shua er også «avglansen av hans [YHVHS] herlighet og avbildet av hans vesen ». Og Han er, «Et lys til åpenbaring for Hedningene, og en herlighet for. ..Israel" (Matt 1:21; 12:18; Åp 2:16; Heb 1:3; Luk 2:32; 1:3).

Faderen sier, «Min sønn, Min førstefødte er Israel» og «Fra Egypt kalte Jeg Min sønn». Matteus sier: «Slik ble det oppfylt hva YHVH sa gjennom profeten: ‹Fra Egypt kalte Jeg Min sønn›» (2 Mos 4:22; Hos 11:1; Matt 2:15).

YHVH sier om Y'shua, «jeg, YHVH, har kalt deg. ...til et lys for hedningene, for at du skal åpne blinde øyne, føre de bundne ut av fangehullet og føre dem som sitter i mørke, ut av fengslet».

Og «Det folk som vandrer i mørket, skal se et stort lys »[1]. Y'shua kom «for at det skulle bli oppfylt som er talt ved profeten Jesaja: Sebulons land og Naftalis land ved veien mot sjøen, landet på andre siden av Jordan, Hedningenes Galilea [tidligere Ephra'imitt territorium] — det folk som satt i mørke, har sett et stort lys, og for dem som satt i dødens land og skygge – for dem er et lys opprunnet » (Jes 42:6-7; 9:2; Matt 4:14-16). Videre sier Y'shua, «jeg er verdens lys». Og YHVH ga Ham «hans far Davids trone, » så Han «skal være konge over Jakobs hus til evig tid» i et kongerike uten ende [2] (John 8:12; 9:5; Luke 1:32-33).

YHVH «samler alt til ett i Y'shua» (NASB); Han samler «sammen i ett alle ting» (KJV); «både det som er i himmelen og det som er på jorden... et hode, Kristus selv» (NIV).

Han er utnevnt «som arving til alle ting» (Ef 1:10; Heb 1:2). Denne "samlingen" inkluderer Israel. Y'shua er Israel som samler det spredte Jacob. For å se Israel samlet i all sin prakt, må vi først se til hennes Messias, Y'shua.

Begge hus har misforstått Y'shua

Blinde Efra'im har misforstått Y'shua på noen områder. Noen tror at Han opphevet «loven», fordi de misforstod Hans uttalelse, «Dere må ikke tro at jeg er kommet for å oppheve loven eller profetene! Jeg er ikke kommet for å oppheve, men for å oppfylle» (Matt 5:17).

Noen lover kan ikke elimineres. Gravitasjon er et eksempel. Det er en lov som vi må anerkjenne, fordi hvis vi bryter loven om gravitasjon kan vi dø. Tilsvarende, hvis vi bryter de evige instruksjonene av Torah, vil det få konsekvenser for oss. Dette er ikke fordi vår himmelsk Far ivrig venter på å fange oss i overtredelser, men fordi Hans lover følger prinsippet: "som du sår skal du høste". For eksempel, dersom vi ikke tar en Sabbats hvile hver sjuende dag, risikerer vi at kroppen vår bryter sammen på grunn av stress. Vår himmelsk Far ønsker at vi skal ha en dag hvor vi kan ta fokuset vårt bort fra verdens ting og vende oss til Ham, til Hans kjærlighet og til Hans plan. Dermed finner vi både jordisk og himmelsk hvile i Ham.

Har Y'shua opphevet Loven?

Ja og nei. Ja, fordi som vårt offer lam, ble Y'shua ofret en gang for alle, og vi trenger ikke lenger « daglig... å bære fram offer» (Hebreerne 7:27; 9:12; 10:10; 1 Peter 3:18; Jud 1:3; 1 Korinter 5:7). Nei, fordi Torahs lover fortsatt er vår visdom. De gjør oss til sterkere, sunnere og visere mennesker når vi har ærefrykt for dem: "Ta da vare på alle de bud jeg gir deg... for at dere kan bli sterke og komme inn og eie det landet [og]... leve lenge" (5 Mos 11:8-9).

Torah—Bokstavlig eller Kjærlig?

Y'shua sa, «Dersom dere elsker meg, da holder dere mine bud» (John 14:15). I denne kjærlighets ånd oppfylte Han loven. Han fullførte oppgaven med ære og herlighet, for vår Gud er en kjærlighets Gud. Hans Torah (eller instruksjoner) ble gitt oss for å hjelpe oss i å lykkes. Hans Torah er grunnloven til vår nasjon. Det er historien om våre forfedre. I mellom Torah's permer finner vi forstand. Den skisserer en velsignet sti som holder oss borte fra skammelig gjerning (1 Joh 4:8; 1 Kong 2:3; 5 Mos 4:5-6; Salme 119:1-6).

På den annen side hvis vi fokuserer bokstavlig på loven, hvis vi søker evig frelse gjennom å holde disse lovene, da vil vi garantert mislykkes. Vi vil bli funnet utilstrekkelige, for Israel må fokusere på Torah`s «ånd».

Vi må tillate Ruach hakodesh (den Hellige Ånd) å skrive Faderens kostbare sannheter i våre hjerter (Jer 31:31-33; Heb 8:10; 10:16).

Torah må først bli rotfestet ved kjærlighet, som ved den kjærligheten en mor gir. Ordspråkene oppfordrer oss til å lytte til og ikke forlate vår mors lære (Torah). (Ordspråk 1:8 og 6:20).[3] Mødre påvirker hjertelaget, og sann lære (Torah) kan bare bli overlevert ved et riktig hjertelag, slik Y'shua viste oss.

Frelseren

Mens Efra'im må lære å ære sannhetene av Torah, og ikke lenger akte dem som fremmede (Hos 8:12), trenger Juda å se sannheten om Y'shua.

Hele Israel må forløses, og bare en guddommelig Elohim/ Gud kan forløse våre sjeler fra dødsriket og gi en evig forløsning (Salme 49:10,15).

Hvis vi inngår kompromiss angående Y'shuas identitet som Elohim, taper Israel sin Frelser. Og Efra'im snubler ofte i menneskeskapte lover når han søker å returnere til Torah og til Israels høytider. Fordi han er sjalu på Juda og hans røtter (Jes 11:13), søker Efra'im Judas godkjenning. Men Juda er blitt forherdet for sannheten om Messias guddommelighet, og motsetter seg hele ideen om en guddommelig Frelser.

Det forløste Israel må unngå denne fallgruven. Vi må vandre i de evige sannhetene i Torah, mens vi holder godt fast i hånden til vår guddommelig Frelser.

Det gjenstår mye arbeid for å føre frem hele Israel til hennes fylde. - Men gjennom og ved Y'shua kan det skje, og det vil skje. For å gjenforene Israel ser vi på selve personifiseringen av Israel. Vi ser hen til Y'shua som er vår evige forløser og som er den levendegjorte torahens vei.

Når vi vandrer som Han vandret, vil verden i sannhet se *Israel*.

Fotnoter

[1] *Hosea 8:8; Amos 9:9; Jes 8:14; Rom 11:11,25.*

[2] Da Y'shua «renset syndene, satte Han seg ved den høyre hånden av Gud i det høye». Han sitter nå på tronen av Hans far David og regjerer over Jacobs hus. Hans Kongerike er nå og skal ennå komme (Første Mos 19:6; 2 Sam 7:12-16; Lukas 1:32-33; 12:32; Dan 7:22; Åpenbaringen 5:9-10; 20:6:1 Peter 1:1; 2:5-10; Heb 1:3; 8:1; 3:6; 10:19). Han tilbyr en ny pakt som er både nå og ennå til å komme. Bare når vi ikke lengre lærer vår nabo om YHVH (fordi vi alle kjenner Ham) har vi gått inn i dets fullstendighet (Jer 31:31-33; Heb 8:8-12).

[3] *Se; the House of David Herald, volum elleve bok ti, Mama's Torah.*

TO

ISRAELS HEMMELIGHET

Her kommer en kortfattet samling av skrifter, grafikk, kart og diagrammer (se Kart og Diagram kapittel) som vil hjelpe deg til å se og forstå Israels to hus, i tillegg til YHVHS endetidsplan for deres oppreisning. Vi ber deg slå opp og studere den Hellige Skrift, og spør den Hellige Ånd, *Ruach Hakodesh*, om å veilede deg i all sannhet. For et grundigere studium av Israel ber vi deg å lese hovedboken, *Hvem Er Israel*?

- Abraham ble lovet myriader av fysiske etterkommere (1.Mos 12:3; 15:1-6; 17:1-6; Rom 4:19-22).

- Abrahams velsignelse kan ikke skilles fra den Isak og Jakob fikk, fordi de tre var felles arvinger (Første Mos 26:3; 28:4; 1 Krøn 16:16-17; Heb 11:9,39-40).

- Abrahams velsignelse om å bli til en mengde folk ble gitt videre til Isak, til Jakob, til Josef, og så til Efra'im (1.Mos 12:3; 15:5; 17:4; 26:4; 24:24.60; 28:3.14; 32:12; 48:4,16,19).

- Efra'im ble erklært å være Jakob/Israels førstefødte arving (5. Mos 21:17; 1. Mos 48:1-22; 1 Krøn 5:1-2; Esek 37:19)

- Efra'ims ætt var forutbestemt til å bli en "melo hagoyim", «en mengde folkeslag» 1.Mos 48:19; Rom 11:25; Jes 8:14 [melo: se Salme 24:1].

- Israel ble inndelt i to hus, Det Nordlige og Det Sørlige

Kongeriket, også kjent som Israel (Efra'im) og Juda (1 Kong 11:11-13, 26,31-35; 12:15.24; 2 Krøn 11:4; Jes 8:14).

- Israel er en «førstefødt» tittel. Den førstefødte skal gis en dobbel porsjon, så han kan fungere som en forløser for sine brødre. Denne tittelen ble gitt til Efra'im fordi han ble gjort til Jakobs førstefødte arving (5. Mos 21:17 25:5-9; 2.Mos 4:22; Jer 31:9; Ruth 3:9; Jes. 59:20; 61:7; 1.Mos 48:22; 1 Kor 5:1-2; Esek 37:18).

- Efra'im ble sendt i fangenskap til Assyria (omkring 722 f. k) og Juda til Babylon (omkring 586 f. k). Mange har sett på deres fangenskap som ett, men det var mange år og mange mil mellom dem (2 Kong 17:6.24; 1 Krø 5:26; Esek 1:1; 1 Kong 14:15).

- Efra'im ble «Loami» («ikke mitt folk») og ble assimilert blant nasjonene. De ble derfor fremmede for sin egen Israelittiske identitet (Hos 1:10; 2:1,21-23; 8:8; Rom 9:23; Amos 9:9).

- 'Israel er for evig valgt til å velge': Alle Israelitter og deres ætt må velge enten å følge og å adlyde den Hellige av Israel, eller å følge andre guder (5.Mos.28:1-68; 30:19; Josva 24:15).

- Fakta om vår biologiske arv kan ikke endres basert på vår tro eller mangel på tro. Israelittene er for evig biologiske Israelitter. Videre er der et evig kall til hele Israels ætt (5. Mos 4:37; 7:6-8; 10:15; 2. Mos 19:4-6; Jer 31:37; 33:25-26; Rom 11:28-29).

- Selv om Efra'ims etterkommere er spredt og glemt blant alle nasjoner, fortsetter de å være fysiske Israelitter, akkurat som Judas etterkommere fortsetter å være fysiske Jøder (Jer 31:20; 2 Kor 17:23; Sakarja 11:14; Dan 9:7; 1 Krøn 5:26; Ef. 2:17, Hosea 5:3; 8:8; Amos 9:9; 5.Mos. 28:64).

- Efra'im er kommet bort fra, og er følgelig uvitende om, sin Israelittiske arv (Hosea 1-2; 4:1.6: Jer 31:18-19).

- Profeten Esra talte om et offer som ble gitt for «alle de israelittene som bodde der», som i dette tilfellet definerer *bare de tilstedeværende.* Dette verset beviser at *alle biologiske Israelitter* ikke var til stede. Akkurat som det jødiske folket som forble i Babylon fortsatte å være jøder, slik fortsatte Efra'imittene som ikke var tilstede, (som var den store majoriteten av dem) å være tapte stammer (Esra 8:25; 1 Kong 12:20 [for enda en begrenset bruk av ordet «alle», se 1 Sam 18:16]).

- Det gjenforente Israel vil være uten synd, og skal bo i det Lovede landet, og Y'shua skal herske over dem (Jes 11:11-14; Jer 3:14-18; 16:11-16; 50:4-5,20; Sakarja 8:3,7,13; 9:13; 10:7,8,10; Hos 11:10; Obad 1:18; 1 Sam 17:45; Esek 37:22-26; Jes 27:9).

- Efra'im og Juda er YHVHs to utvalgte familier (Jer 33:23-26; Esek 35:10; 37:22; Jes 8:14; Sakarja 2:12; 1 Pet 1:1; 2:9).

- Det utvalgte Israels folk er YHVHs vitner (Jes 43:8-13; 44:8; 4. Mos. 35:30; 1. Mos 17:6; 19:15; Joh 8:17; 10:35; 2 Kor 13:1).

- YHVH delte Hans vitnesbyrd (folk) inn i to hus (2 Krøn 11:4; Jes 43:10; 4 Mos 35:30; 1 Mos. 17:6; 19:15; Joh 8:17; 2 Kor 13:1; 4 Mos 13:2,6,8; Åp 11:3.4; 1:20 Sakarja 4:11,14).

- Messias Y'shua er også kalt Israel, og samler den spredte ætten av Jakob/Israel (Jes 49:1-6; 42:6-7; 9:2; Matt 1:18-, 21; 2:15; 4:14-16; Åp. 2:16; Esek 34:10; Joh 10:11; Lukas 2:32).

- Y'shua laget en Ny Pakt med Israels barn da han under påskemåltidet satt ved nattverdbordet. (Jer 31:31-33; Luk 22:20; Heb 8:6-12; 1 Kor 5:7).

- Y'shua har èn flokk. Han er ett med Faderen. Sammen har de ett folk. I forhold til det jordiske Israel kan folk i ulike grad ha et forhold til Faderen, det betyr at Israelittene kan være velsignet eller forbannet og fremdeles være «Israelitter» (Joh 10:16,27-30; 17:11,20-21; Matt 2:6; 15:24; 1 Joh 5:8; Esek 34; 5. Mos 28).

- I det gamle Israel sluttet utlendinger seg til Israel ved omskjæring, påskefeiring, og tilstedeværelse. Faderen laget en evigvarende pakt; de skal i all ettertid betraktes som innfødte i landet (3 Mos 19:34; 4 Mos 9:14; 15:15-16; 5 Mos 18:15-19; Jes 56:3,6-8; Esek 47:23).

- Israels tre borgerskap-regler ble videreført i den nye pakten som: 1) omskjæring av hjertet; 2) Y'shuas påskemåltid med brød og vin; 3) leve i harmoni med de som tilhører Hans kongerike (Matt 21:43; Lukas 12:32; 22:30; Dan 7:9-22; Apg 1:6; 1 Pet 1:1; 2:9; Heb 7:12; Joh 1:29; 1 Kor 5:7; Åp 3:20; Jer 4:4; Heb 7:27; 9:12; 10:10; 15:21; Apg 15:21; Jer 31:33; Efes 2:12-19).

- I den Nye Pakten går ikke-jødiske troende for å være «tidligere Hedninger». Når de kommer til tro på Messias av Israel er de ikke lengre hedninger, men er istedenfor kalt til å vandre som Israelitter, og er en del av det riket (Efes 2:11-22; Matt 18:17; 5:47; 6:7; 2 Kor 6:17; 1 Tess 4:5; 1 Pet 2:12).

- Kirken/ekklesia/menigheten ble sagt å være i ørkenen, og de første troende tenkte at den var ett med Israel. Følgelig kan ikke den sanne kirke/ekklesia/menighet være «adskilt fra Israel», som ofte er lært (Apg 7:37-38; Heb 3:8).

- De Troende tilhører Y'shua's ekklesia/menighet av de førstefødte. (Heb 12:22-23).

- Ordet «barnekår» er brukt bare fem ganger i Den Hellige

Skriften. Alle versene taler om troende som blir barn av Gud (Abraham er ikke en gang nevnt). Alle som ville være YHVH'S barn — jøde og ikke-jøde — må motta barnekårets ånd, som ettertrykkelig er sagt «å tilhøre Israels barn» (Rom 8:15,16,23; 9:4; Gal 4:5; Efes 1:5).

- Sanne tilbedere skal tilbe i ånd og sannhet. Dette betyr at alle fysiske israelitter er kalt til å være åndelige, og alle åndelige mennesker er fysiske fordi de nedstammer fra noen. Hvis det finnes noe slikt som «åndelig Israel», fra hvem er de da nedstammet? Abraham ble lovet «myriader» av fysiske etterkommere, så hvorfor skulle ikke de «åndelige» troende i Messias faktisk kunne være fysiske etterkommere av Abraham? Videre hvordan kan en bevise at de _ikke_ nedstammer fra ham? (Joh 4:23; 1. Mos 12:3; 15:1-6; 17:1-6).

- Israels oljetre hadde to hovedgrener, Efra'im og Juda. Roten, eller Livskilden til treet er Y'shua. Selv patriarkene hadde røttene sine i ham (Jer 11:10.16; 2:18.21; Rom 11:25; Jes 8:13-14; Åp 22:16; Rom 3:23).

- De troende i Messias Y'shua må ikke være arrogante overfor de jødiske grenene som ble brutt av i vantro mot ham. Istedenfor skal de med kjærlighet provosere Juda til sjalusi, så de kan bli podet inn i treet igjen (Obad 1:12; Joel 2:32-3:1; Luk 13:1-5; Rom 11:11,18-21).

- Efra'im er sjalu på Juda og hans røtter. Juda irriterer Efra'im ved å ikke anerkjenne ham som likeverdig arving i Israel. For å avslutte deres eldgamle krangel, må Efra'im først forandre seg, og deretter få Juda til å se noe i Efra'im som han ønsker (Jes 11:13).

- Efra'im vil omvende seg fra sine ungdomssynder når han får vite om sine egne israelittiske røtter, når han blir kjent med seg selv og forstår at han også er del av Israel. Han må også forstå at Juda er hans bror og begynne å behandle ham deretter (Jer 31:18,19).

- Efra'im er kalt til å være en vokter for hele Israels hus (Hosea 9:8; Jer 31:6; 30:24; Jes 48:6; Hab 2:1).

- Det er forutbestemt at Efra'im skal vende tilbake til landet i rettferdighet, makt og kraft (Jer 31:21; Esek 37:23; Hos 1:10; Sakarja 10:7).

- Det første eksemplet på to vitner som ga en god rapport om Israels Gud var Kaleb og Josva - en Judaitt og en Efra'imitt (4. Mos 13:2,6,8).

- Y'shua gir Hans to vitner makt til å profetere, og Han beskriver dem som to oliventrær og «to lysestaker». Lysestakene er *ekklesias*/menigheter. I de siste dagene fremkaller Y'shua to «forsamlinger» av folk. (I tillegg kan det godt være to «individuelle vitner» — menn, som muligens vil lede de to gjenforente husene i krigen mot Dyret). Åp 1:20; 11:3.4; 16:3-4; 11-20).

- Sakarja sier de to oljetrærne blir salvet til å tjene all jordens Herre (Sak 4:11,14).

- YHVH kaller nå to menigheter av folket—Juda og Efra'im. Han gjør disse to stavene (eller trær) til ett i Hans hånd. Bøker blir også laget fra trær, og de to Bøkene, Den Gamle og Den Nye Pakt, må bli bekreftet av de to vitnene, Juda og Efra'im, som «en» Bok/Pakt (Esek 37:15-28).

- Faderen erklærte en endetidsplan for å gjenforene de to husene: begge vil komme til syndserkjennelse og vil bli forent med hverandre i veldig kraft (5. Mos 33:7; Mika 5:3; Sakarja 8:23; Jer 3:17-18; 50:4; Daniel 7:27; Hos 11:8-10; Amos 9:11; Luk 12:32; Rom 11; Jes 27:9).

- Juda vil tro på Messias når han ser Efra'im, eller et gjenforent Israel, som virkelig representerer både Messias og YHVH'S Torah. Juda har vært blind for Messias og Efra'im har vært blind for Torahs sannheter, men nå må begge begynne å se. De som er i Oljetreet må arbeide for å gjøre denne sannheten til en realitet (Matt 7,3-5; 23:37-39; Rom 11; Jes 8:14).

- Når Efra'im og Juda er forent i YHVH Elohim, når deres gjenforening er fullt manifestert, når de blir som deres Messias, når de ikke elsker sine liv inntil døden, da vil de være uten synd, og en uovervinnelig hær. Når de er beredt til å legge ned sine liv for sin tro, da blir de utrustet til å stå i Israels Gud's kamper (Jes 11:14; Sakarja 9:13-10:10; 13:2; Hosea 1:11; Amos 9:10; Sef 3:11-13).

- *Shema Yisrael... Hør Israel* (1. Mos 49:2; 5.Mos 6:4; Hos 5:1; Esek 36:1).

TRE

TI TIPS FOR Å FORSTÅ ISRAEL

Ordet vil bli levendegjort og få en ny personlig betydning om du studerer de følgende Hellige Skriftsteder.

1) I likhet med USA, var Israel en gang delt inn i et Nordlig og et Sydlig Kongerike - de har aldri blitt gjenforent (Jer 3:14-18; Jes 11:14; Sakarja 8:3-13; 10:7-10; Esek 37:15-28).

2) Den Hellige Skrift kaller disse to kongerikene, «begge Israels hus,» «YHVH'S «to nasjoner», og «de to familiene som YHVH utvalgte» (Jes 8:14; Esek 35:10; 37:22; Jer 33:23-26).

3) Efra'im, det Nordlige Kongeriket av Israel, ble spredd blant nasjonene. De var forutbestemt til å bli en *«melo hagoyim»*, «en mengde folkeslag» (Hosea 1-2; 8:8; Amos 9:9; Rom 11).

4) Israels Guds gaver og kall er gitt uten anger. Derfor er det fortsatt et evig kall for hele Israel, både Juda og Efra'im, til å elske og å adlyde Ham (5 Mos 28:1-6; 4 Mos 23: 19; Jes 43:10; Rom 11:29).

5) Efra'im ble til degenererte (de forfalt moralsk og åndelig), ville oljegrener. Men etter at de har returnert til Israels Oljetre, er de kalt til å vandre på en slik måte at de provoserer Juda til å være sjalu på dem og ønske de hadde hva de har (Jer 11: 10.16; 2:18, 21; Rom 11; 9:26; Hosea 1:9.1; Jes 35:10; Esek 37:16).

6) Ikke-jødiske troende i Messias er arvinger til Abrahams løfte, og derfor borgere av samveldet Israel (1 Mos 17:4-7; Rom 4:17; Gal 3:29; Efes 2:11-22).

7) Når Faderen gjør de «to staver», som Esekiel taler om, til «en stav i Hans hånd» vil ikke Israel mer blir rykket bort fra Landet, de vil ikke lengre forderve seg med deres overtredelser, og de vil ha en konge—Kongenes av Konge og Herrenes av Herre. En fullt gjenforent Israel er et Israel uten synd som lever under Messias styre i Løftes Landet (Esek 37:15-28).

8) Det er Faderens evige pakt, at en utlending blir betraktet som en innfødt i Landet, og ikke mer er verdslig eller en hedning, etter at han har oppfylt de tre foreskrevne regler om påske, omskjærelse, og om å leve i landet (2 Mos 12:48; 3 Mos 19:34; 4 Mos 9: 14; Jes 56:3; Efeserne 2:11-19).

9) Jøde og kristen - Juda og Efra'im - kalt til å tjene som to vitner for Israels Gud. Deres guddommelig formål er å bekrefte sannheten av Hans Ord, fra Første Mosebok til Johannes Åpenbaring, over hele jorden (4 Mos 35:30; 5 Mos 17:6; 19:15; Joh 8:17; 2 Kor 13:1).

10) Israel skulle være et «mysterium» inntil «hedningenes fylde er kommet inn», den *melo hagoyim* som ble lovet Efra'im «at han skulle bli». Sløret eller dekket blir løftet i disse siste dager, og hele Israel kommer til å forstå den tidligere skjulte sannheten om den delvise forherdelsen av begge Israels hus—Juda og Efra'im (Rom 11:25; 1 Mos 48:19; Jer 31:18,19).

FIRE

NØKKELVERS

YHVH arbeider med Israels to hus. Han har:

- To Hus (Jes 8:14; Jer 31:31-33; Heb 8:8-10)

- To Nasjoner (Esek 35:10)

- To Utvalgte Familier (Jer 33:24)

- To Søstre (Esek 23:2-4)

- To Oljegrener (Sakarja 4:11-14; Jer 11:10, 16-17; 2:18.21; Rom 11; Åp 11:4)

- To Staver (Esek 37:15-28)

- To Vitner (Åp 11:3-4)

- To Lysestaker (Åp 11:3-4)

- To Sølvtrompeter (4 Mos 10:2-3)

- To Syrede Brød (Heb 9:28)

- To Kjeruber (2 Mos 25:18-20)

- To Hærer Som Danser (Høys 6:4.13)

For å forstå Israel, må vi forstå at Faderen arbeider med **_to_** hus av Israel, Juda og Efra'im, og Han vil nå at vi skal bli til **_en_** stav i Hans hånd (Esek 37:15-28).

For å hjelpe deg til å forstå og dele din tro om begge Israels hus, kan det være lurt å kryssreferere noen bekreftende bibelvers i Bibelen din. For eksempel ved siden av 1 Mos 48:19, skriv inn Salme 24:1 og Rom 11:25. I Rom 11:25 skriv inn 1 Mos 48:19 og Salme 24:1, og så videre. På denne måten, hvis du bare husker et av versene knyttet til emnet, kan du plukke opp tråden som leder til de andre bekreftende versene.

Efra'im Skulle Bli En Melo haGoyim:

Efra'im var forutbestemt til å bli «en mengde [melo] folkeslag». Salme 24:1 bruker også «fyller [melo]» og hjelper følgelig med å definere ordet, som taler om et enormt antall biologiske arvinger av Efra'im. Rom 11 forklarer at en delvis forherdelse har kommet over begge Israels hus, og at denne forherdelsen, denne manglende evnen til å se, skulle vare inntil «hedningenes/ folkeslagenes fylde» er kommet inn. Med andre ord hadde vi ikke muligheten til å se den fullstendige sannheten før nå.

«Men...[Jakob] ville ikke. Han sa: Jeg vet det, min sønn... han [Manasseh] skal også bli til et folk, han skal også bli stor. Men likevel skal hans bror, som er yngre, bli større, og hans ætt skal bli til [*melo hagoym*/en fylde av folket] en mengde folkeslag» (Første Mosebok 48:19).

«Jorden hører YHVH til - og alt det som [*melo*] fyller den...» (Salmene 24:1).

«For jeg vil ikke, brødre, at dere skal være uvitende om denne hemmelighet— for at dere ikke skal anse dere selv for kloke— forherdelse er for en del kommet over Israel, inntil hedningenes fylde er kommet inn» (Romere 11:25).

De To «Snublende» Hus av Israel

Begge Israels hus ble forutbestemt til å snuble over tilfluktstedet, *som er Messias Y'shua. Følgelig, <u>etter</u> Y'shuas tid, måtte det være to hus av Israel, hvor begge ville snuble over Ham. De ville snuble fordi begge var Israel, og «Israel» ble forherdet og blindet, skjønt på forskjellige måter. Johannes åpenbarer at «helligdommen» er Y'shua, og at Hans disipler trodde «den Hellige Skriften» — som viser til Jesaja 8:14. Rom 11 åpenbarer at Israel snublet fordi de ble forherdet.*

« ...<u>Han skal bli til en helligdom</u> og til en <u>snublestein</u> og en anstøtsklippe for begge Israels hus, til en snare og et rep for Jerusalems innbyggere.» (Jesaja 8:13-14).

Y'shua sa, «Bryt dette <u>tempelet</u> ned, så skal jeg gjenreise det på tre dager›. Jødene sa da til ham, ‹I førtiseks år har det vært bygd på dette tempelet, og du vil reise det opp på tre dager?› Men Han talte om sitt legemes tempel. Da han var oppstått fra de døde, mintes hans disipler at han hadde sagt dette; og de trodde <u>Skriften</u> [Jesaja 8:14] og det ord Y'shua hadde sagt» (Joh 2:19-22).

«For jeg vil ikke, brødre, at dere skal være uvitende om denne hemmelighet—for at dere ikke skal anse dere selv som kloke: <u>Forherdelse er for en del</u> kommet over Israel [begge hus] inntil hedningenes fylde er kommet inn [se Første Mosebok 48:19]» (Romere 11:25).

Patriarkene og Myriadene av Fysiske Arvinger

Abraham, Isak, og Jakob ble lovet myriader av fysiske etterkommere. Essensen i denne mangfoldets velsignelse ble gitt videre til Josefs sønn, Efra'im. Hvis vi har «Abrahams tro», vil vi også tro at myriader av etterkommerne sprang ut fra hans lender, og at de skulle bli «en stor menighet». Dette er ikke for å si at alle troende må være fysiske arvinger, men for å understreke at myriader av fysiske arvinger ble lovet til Abraham. Bare Far i Himmelen vet det aktuelle antallet biologisk etterkommere. Vi kan ikke bevise at vi er, eller ikke er, biologiske etterkommere av Abraham.

«Etter at dette var skjedd, kom Herrens ord til Abram i et syn, og det lød så, Frykt ikke, Abram! Jeg er ditt skjold. Din lønn skal være meget stor›. Da sa Abram, Å Herre Herre, hva vil Du gi meg? Jeg går jo barnløs bort. Den som skal overta mitt hus er Elieser fra Damaskus. Og Abram sa, Meg har du ikke gitt barn, en som er født i mitt hus skal arve meg. Da kom Herrens ord til ham, og det lød så: Denne mann skal ikke arve deg, men <u>den som skal utgå av ditt eget liv, han skal arve deg</u>. Han førte ham utenfor og sa: Se nå opp mot himmelen og <u>tell stjernene</u>, hvis du er i stand til å telle dem! Og Han sa til ham, <u>Slik skal din ætt bli</u>. Og Abram trodde på Herren, og Han regnet ham det til rettferdighet» (1 Mos 15:1-6).

Den Hellige sa også til han: « ’Jeg er Gud Den Allmektige, vandre for mitt åsyn og vær ustraffelig. Og jeg vil opprette min pakt mellom deg og meg, og jeg vil gjøre deg <u>overmåte tallrik’</u>. Da falt Abram på sitt ansikt, og Gud talte med ham og sa: Se, jeg slutter min pakt med deg, og du skal bli far til en <u>mengde folk</u>. ...ditt navn skal være Abraham, for jeg gjør deg til far for en mengde folk. ⁴Jeg vil gjøre deg <u>overmåte fruktbar</u>, jeg gjør deg til <u>mange folk</u>.» (1 Mos 17:1-6).

Den Nye Testamentet sier om Abraham, «Uten å bli svak i troen <u>tenkte han på sitt eget legeme</u>, som alt var utlevd - han var jo snart hundre år, og på at Saras morsliv var utdødd. Men på Guds løfter tvilte han ikke i vantro, men han ble sterk i sin tro, idet han gav Gud ære. Han var fullt viss på at det Gud hadde lovt, det var han og mektig til å gjøre. Derfor ble det også regnet ham til rettferdighet» (Rom 4:19-22).

YHVH sa at han ville gjøre det minste folket så... tallrik som stjernene på himmelen» (5 Mos 7:7; 2 Mos 32:13). (Ved å ikke se denne sannheten, har vi da gått glipp av mirakelet av Hans suverene mangedobling av Abrahams ætt?)

YHVH’s lovet Isak, “Jeg vil gjøre din ætt <u>tallrik⁵</u> som stjernene på himmelen" (1 Mos 26:4). Velsignelsen som ble gitt til Isaks kone, Rebekka, var, "Bli til <u>tusen ganger ti tusen,</u> "eller, "<u>myriader</u>" (1 Mos 24:60)[6].

Sammen overgav de deres utallige velsigner til deres sønn Jakob: « Og må Gud den Allmektige gjøre deg fruktbar og gi deg en tallrik ætt, så du blir til en hel <u>skare av folkeslag</u> »[7] (1 Mos 28:3).

Faderen lovet Jakob,«<u>Din ætt skal bli som støvet på jorden.</u> Du skal utbre deg mot vest og mot øst, mot nord og mot sør» (1 Mos 28:14).

Å dele opp Patriarkenes Velsignelser - Å skille «Ekklesia/Menigheten» Fra Israel:

Noen prøver å separere Abrahams velsignelse fra Isak og Jakobs, de hevder at ikke-jøder er «åndelige arvinger» av Abraham, men ikke arvinger av Isak og Jakob. Men Abrahams velsignelse kan ikke separeres fra Isak og Jakobs, fordi de tre var felles arvinger. Videre forsøker mange å separere den sanne ekklesia/menigheten (eller kirken) fra det bibelske Israel. Likevel er ingen av disse standpunktene bibelske konsepter:

YHVH sa til Isak, « For til deg og din ætt vil jeg gi alle disse land, og jeg skal holde <u>den ed jeg har lovt Abraham, din far</u>» (1 Mos 26:3).

Isak sa til Jakob, «Må han (JHVH) gi deg <u>Abrahams velsignelse</u>» (1 Mos 28:4).

«Den pakt han (Gud) gjorde med Abraham, og hans ed til Isak! Han <u>stadfestet pakten som en rett for Jakob, som en evig pakt for Israel.</u>» (1 Krø 16:16-17).

Abraham «levde... i et fremmed land.... med Isak og Jakob, som var <u>medarvinger til det samme løftet.</u>» (Heb 11:9).

«Og enda alle disse fikk vitnesbyrd for sin tro, oppnådde de ikke det som var lovt...for at de ikke skulle nå fullendelsen uten oss [troende av den nye pakt][8].» (Heb 11:39-40).

I Brit Chadashah (Den Nye Pakt/Det Nye Testamentet) kalles det gamle Israel «menigheten/ekklesia som var i ørkenen» (Apg 7:38, NASB).

Y'shua brukte også ordet *ekklesia*, for å beskrive menigheten Han ville bygge. Ordet ekklesia oversettes (eller feil oversettes) vanligvis med «kirke»[9] (Matteus 16:18, 18:17).

Vi konkluderer med at både Y'shua og det det første århundrets troende visste at Israel, kahal[10] og ekklesia[11], var en og det samme. Akkurat som vår Gud er Èn, vil han til slutt sammenkalle kun ett folk[12].

Barnekårets Ånd og Barn av Israel

Mange tror at bare de ikke-jødiske må komme inn under barnekåret. Men alle troende må motta «barnekårets ånd» og ved det bli «barn av Gud». Å ta imot barnekår gir oss rett til å kalle den Allmektige vår Abba (Far). Fylden av barnekåret er uttrykt i frelsen av våre sjeler. Denne barnekårets ånd er uttrykkelig sagt «å tilhøre Israels sønner.» Det ble likeså gitt til de kristne i Efesos (kanskje de var israelitter spredt utover som begynte å samle seg). Barnekårets ånd er nevnt bare fem ganger i Skriften, og versene nevner aldri Abraham. De taler ikke om at ikke-jødiske troende blir adoptert inn i Abrahams familie. De taler om oss som blir «født på nytt», barn av den Hellige:

Paulus sier, «Dere fikk jo ikke trelldommens ånd, så dere igjen skulle frykte. Men dere fikk barnekårets ånd som gjør at vi roper, «Abba! Far!» (Rom 8:15).

«Ånden selv vitner sammen med vår ånd at vi er Guds barn» (Rom 8:16). «Ja, ikke bare det, men også vi som har fått Ånden som førstegrøde, også vi sukker med oss selv, mens vi lengter etter vårt barnekår, vårt legemes forløsning» (Rom 8:23).

Paulus taler om hans likemenn etter kjødet, og sier «De er jo israelitter. Dem tilhører barnekåret og herligheten og paktene og lovgivningen og gudstjenesten og løftene» (Rom 9:4).

Paulus sier også, «for at Han skulle kjøpe dem fri som var under loven, så vi skulle få barnekår» (Gal 4:5).

Paulus skrev til de hellige i Efeserne og fortalte dem, «I kjærlighet har Han forut bestemt oss til å få barnekår hos seg ved Jesus Kristus, etter sin frie viljes råd» (Ef 1:5).

Israel, Oljetreet

Israel er første gang kalt et «oljetre» når Jeremia talte til «Israels hus og Judas hus», så vi ser at det er to hovedgrener i treet. Den første grenen som ble brukket av, var Israel (Efra'im). De ble spredt blant alle nasjoner hvor de ble degenerert (forfalt morals og åndelig) og ville. Deretter, i løpet av Y'shuas tid ble mange av Juda brukket av. I dette treet er Y'shua Roten, kilden til liv. Selv patriarkene må ha tro på motta evig liv fra Ham.

«Israel er oppslukt. <u>Nå er de blant folkene</u> lik et kar som ingen bryr seg om» (Hos 8:8; se også Romerne 9:21-24).« For se, jeg befaler at Israels ætt skal ristes blant alle folkeslag, likesom en rister med et såld, og ikke et korn faller til jorden [blir mistet av meg]» (Amos 9:9; se Hosea 5:3).

YHVH spør Efra'im (som ble tatt til fange i Assyria), "Hva gjør du ...på veien til Assyria?" Og «jeg hadde plantet deg som et edelt vintre, helt gjennom av ekte sæd. Hvordan er du da blitt omskapt for meg til et uekte, vilt vintre»? (Jeremia 2:18,21). (Sett fra ytre omstendigheter ble Efra'im gjort til degenererte utlendinger, eller hedenske hedninger).

Da YHVH først kalte Israel et oljetre, sa Jeremia at Han talte til Efra'im og Juda. «Israels hus og Judas hus har brutt den pakten jeg sluttet med deres fedre» (Jeremia 11:10).

Jeremia sa da om både Israel og Juda, «Herren kalte deg et grønt oljetre, prydet med fager frukt» (Jer 11:16). Kong David sa at han var som et grønt oljetre, og at hans barn/ætt var som oljekvister. Og Y'shua sier, «Jeg er Davids rotskudd og ætt, den klare morgenstjerne» (Salmene 52,10; 128:3; Åp 22:16).

Når apostelen Paulus taler om ville oljegrener som er «podet inn i. ..og fikk del med dem i sevjen fra roten», viser han til oljetreet som var blitt omskapt (fra edelt til vilt) etter at Efra'im ble spredt blant folkeslagene (Rom 11:17).

Så hva er mysteriet? Det er at hverken Efra'im eller Juda er naturlige eller ville, de er begge oljegrener, og Israel er oljetreet (Jer 11:10.16; Rom 11:25).

Fotnoter

⁴Abraham trodde han ville bli far til en mengde nasjoner, hamon goyim. Strong's sier at Goyim, det Hebraiske ordet for Hedninger/Nasjoner (# H1471), «en utenlandsk nasjon. ..hedensk... folk.» The New Brown-Driver-Brigs-Genius Hebraisk-Arameisk Ordbok (heretter: BDBL) sier goyim betyr «nasjon, folk», og er «vanligvis [pleide å tale] om ikke- Hebraisk folk» (#H1471; Hendrickson, 1979; Parsons Teknologi, 1999). Den Teologiske Ordbok av det Gamle Testamentet 2 Vol., Moody, 1981, sier, «goyim... det viser vanligvis til.. de omkringliggende hedenske nasjoner» (# 326e).

⁵ Strong's og BDBL # H 7235; TWOT # 2103, 2104.

⁶ Strong's og BDBL #› s H 505 og 7235.

⁷ Fra Jacob ville YHVH kalle en menighet—en kahal (lhq). Dette Hebraiske ordet er hovedsakelig oversatt menighet og blir spesielt brukt om å beskrive en montasje, selskap, forsamling, eller convocation, som blir kalt sammen av den Allmektige for religiøse formål. Se TWOT # 1991a; også Sterk og BDBL # H 6951.

⁸ "Profetene. ..gjorde en forsiktig leting og forespørsel, de søkte å vite hvilken person eller tid Ånden. ..indikerte... det ble åpenbart... at de ikke tjente seg selv, men deg, i disse tingene som nå har blitt kunngjort til deg gjennom det som tales gjennom evangeliet ved den Hellige Ånd» (1 Pet 1:10-12).

⁹ "Church," like "Israel," is a multi-faceted name/title, and one must know what is meant with its use: i.e., there is a "church system" that persecutes true Believers (Rev 3:16; 2 Tim 3:1-12; Matt 5:20), and a true church, an eternal ekklesia—which includes all who truly seek to follow the God of Israel (Acts 7:38; 2 Tess 1:1; 2:13). Also, there is a "Synagogue of Satan" that opposes Y'shua (John 8:44; 10:33; Rev 2:9; 3:9). In Who Is Israel? Ordet "kirke" brukes noen ganger for å inkludere de som, I dette livet, "hevder" å høre til "kirken. "Denne samme standarden med å inkludere de som, til slutt, Faderens selv vil inkludere er også brukt i referanse til "Jøder/Jødedommen." We trust that in the end, the Holy One Himself will decide who among both peoples is acceptable (Matt 7:23). Ettersom ordet "kirke" ofte blir misforstått, foretrekker vi det Greske ekklesia (Strong's # G 1577) når vi refererer til de som er kalt. Ordet "kirke" var muligens også forbundet med det Latinske kirk (circus). Se Smith's Bible Dictionary av William Smith, L.L.D., Hendrickson,1998, Church, s 117.

[10] *Ifølge den Teologiske Ordboken. «er vanligvis kahal oversatt ekklesia i LXX [Septuagint].» Se TWOT ord # 1991a; side 790. Septuagint: Gresk oversettelse av den Hebraiske Gamle Pakt fullført 200 år før Messias fødsel. I 122 KJV praksis er mer enn 60 ganger kahal (kehilat) oversatt ekklesia (Hatch og Redpath Concordance to the Septuagint, 1983, Baker, s. 433); trettiseks ganger er det oversatt med synagoge, som i Åpenbaringen 28:3 (TWOT ord # 1991a). ekklesia beskrives også som kahal, synagoge og også en menighet (#› s H6951; G4864). Ekklesia (ekklhsia), den nye Pakten, oversatt kirken, taler om et «kall på», møte, en spesiell religiøs forsamling, en menighet (Thayers Gresk-Engelsk Ordbok av det Nye Testamente, Baker, 1983, s. 196a; # G 1577).*

[11] *I Apostlenes gjerning 19:32 blir ekklesia brukt om å definere den forvirrede mobben som roper mot Paul. Følgelig kunne forsamling være en mer passende oversettelse.*

[12] *En Gud, se Femte Mosebok 6:4; Mark 12:29. Et folk, se Fjerde Mosebok 15:15; Esek 37:19; Joh 17:11.*

OFTE STILTE SPØRSMÅL

Følgende er korte utdrag hentet fra «Ofte Stilte Spørsmål» (FAQS) på vår nettside www.messianicisrael.com.

Spørsmål: Tror du at alle i "kirken" er Efra'imitter?

Svar: Vi følger vår Messias' eksempel, og svarer et spørsmål med et nytt spørsmål: Tror du at alle i «jødedommen» er biologiske etterkommere av Israel? Har ikke hedningefolk konvertert til jødedom opp gjennom årene? De som stiller dette spørsmålet refererer vanligvis til hele det jødiske folk som «jøder.» På samme måte kaller vi alle troende «Efra'imitter.»

Spørsmål: Sier du at alle må være etterkommere av Abraham for å bli frelst?

Svar: Absolutt ikke. Slektsforskning kan ikke gå tilbake så mange generasjoner, til det er det altfor mange genetiske variabler involvert. Dette gjelder for jøde og ikke-jøde fordi ingen kan verken bevise, eller motbevise, en genetisk forbindelse til Abraham. Men mye gjøres for å etablere farssidens genetikk i disse dager. (Se boka, Hvem Er Israel? for ytterligere utdypning på dette punktet. Likevel oppmuntrer vi ikke til undersøkelse av slektstrær [1 Tim 1:4]).

Vi forstår godt at vår Far i Himmel har retten til å tilføye «andre» til Israel. Men spørsmålene vi stiller er: Oppfyller biologiske ubeslektete tilhengere løftet Abraham fikk - som «myriader» av fysisk «ætt» som ville utgå «fra hans egne lender»? Kan ikke noen (kanskje majoriteten) av disse «andre» (antatte hedningene) i sannhet være nedstammet fra det spredte Efra'im/Israel? (Se 1 Mos 48:19; Romerne 11:25). I tillegg, da flesteparten av den «tidlige kirken» var jødiske, kunne mange troende faktisk stamme fra disse. I løpet av årene måtte mange jødiske mennesker flykte på grunn av forfølgelsen fra kirken. Kanskje flyktet de ved å gjemme seg i kirken. Uavhengig av hva noen av de ovennevnte etterkommerne trodde, ville deres biologiske forfedre fremdeles være deres forfedre. På et fysisk grunnlag ville de fremdeles være « av Israel.» Kan det så være at mange av de som blir frikjøpt av Messias i sannhet er etterkommere av det spredte Israel? (Hosea 1:10-11; 2:14-23; Esekiel 34; Joh 10:11-14).

Er det rimelig å tro at tidlige etterfølgere av Messias var avskåret fra å være en del av Israel fordi de mistet kontakten med sine hebraiske røtter? Disse menneskene måtte velge mellom å bli i synagogene eller følge Messias Y'shua. Det motsetter seg skriften å si at de som fulgte Y'shua ble avskåret fra Israel, mens de som ikke fulgte Ham, men fulgte Torah, ikke ble avskåret. (Joh 9:22; 12:42; 16:2; Apg 26:9-11; Rom 11:17,20).

Hele Israel ble befalt å følge «profeten likesom Moses.» Den Profeten er Y'shua. Kunne de troende bli avskåret for å følge Y'shua? Dette er ikke logisk. (5 Mos 18:18-19; Joh 17:8,14-20; Mark 16:16; Apg 3:22-23; Heb 2:3; 3:2-7; 7:22; 10:26; 12:25).

Spørsmål: Tror du at noen som nedstammer fra Efra'im/Israel (eller Juda for den saks skyld) er garantert «frelse»?

Svar: Nei, absolutt ikke. Israel er «utvalgt til å velge» (2 Mos 19:4-6; 5 Mos 4:37; 7:6-8; 10:15; 28; 30:19). Videre forteller Romerne 9:6 oss: «Men det er ikke så at Guds ord skulle ha slått feil. For ikke alle som stammer fra Israel, er virkelig Israel».

Ikke alle som er fysisk født av Israel er «av Israel». I Israel er ikke nedstamming fra patriarken nok, en må også ha tro. Esau er et godt bevis: Selv om han stammet fra Isak, er kun vrede ovenfra lovet ham(1 Mos 25:28-34; Heb 12:15-17; Mal 1:2-4; Obadja 1:6-9,17-18; Jer 49:10).

Spørsmål: Er du enig i tanken på å dele Israel inn i «en åndelige og en fysiske» del?

Svar: Y'shua sa, «Men den time kommer, og er nå, da de sanne tilbedere skal tilbe Faderen i ånd og sannhet. For det er slike tilbedere Faderen vil ha» (Joh 4:23). Hele Israel, jøde og ikke-jøde, er kalt til å tilbe YHVH «i ånd». Følgelig, for å tilbe Ham, må det «fysiske Israel» være «åndelig». Videre er hver troende i Messias et «fysisk vesen». Alle nedstammer fra noen. Det uuttalte budskapet av denne teorien er at den ikke-jødiske troende ikke nedstammer fra Abraham. Dermed tvinger dette konseptet frem spørsmålet: Fra hvem nedstammer de? Dette i sin tur krever dobbeltsvaret; - at patriarkene ble lovet myriader av biologiske arvinger (1 Mos 11:4; 15:5; 17:4; 26:4; 24:24, 60; 28:3, 14; 32:12; 48:4,16,19) - og at det bare er YHVH som kan vite hvem det «fysiske» Israel er (Hos 5:3; 8:8; Amos 9:9; 5 Mos 28:64).

Igjen, det «Fysiske Israel» må bli «åndeliggjort» for å behage den Hellige. Og alle som krever å være av det «Åndelige Israel» er et «fysisk» vesen. Dermed er det definitivt feil å dele Israel langs disse linjene.

Spørsmål: Hva med «troende hedninger» som mener at Israel ikke angår dem? Er de også en del av Israel?

Svar: Ja, det er de. Helt fra begynnelsen av ble de konverterte betraktet som «innfødte av landet» (2 Mos 12:48; 3 Mos 19:34; 9:14; 15:15, 16; 5 Mos 18:15-19; Ef 2:11-22).

Spørsmål: Tror du på «erstatningsteologi»?

Svar: Sanne foreldre kan ikke erstatte et barn med et annet, og heller ville ikke vår Himmelsk Far gjøre noe slikt. Med denne og andre grunner, motsier vi ideen om at «kirken har erstattet Israel». Men vi er også imot dagens krav fra enkelte om at nå som de jødiske troende er på scenen, er YHVH ferdig med de ikke-jødiske troende. Dette synes å være en «reversert erstatningsteologi» — som ikke er mer akseptabel enn erstatningsteologien. Begge lærene er destruktive.

Vi tror at hvert løfte gitt til Juda vil bli fullkomment oppfylt, i likhet med løftene gitt til Josef/Efra'im. Ingen hus kan erstattes.

For mer Ofte Stilte Spørsmål, se FAQS på, www.messianicisrael.com

BØNNE EMNER

Efra'im er spesielt kalt til å være «vokter» for hele Israels hus (Hos 9:8;Jer 30:24). Han er kalt til å rope, «Herre, frels ditt folk, dem som er igjen av Israel» (Jer 31:7; Salme 5:3). Vi trenger voktere som vet at «Et rettferdig menneskes bønn har stor kraft og virkning» (Jakob 5:16): Han er dekket av Messias blod og dermed rettferdig, han ser problemet og streber etter å løse det. De som ser sannheten om «Israels to hus» trenger å be for hennes fulle gjenreising.

- Be om at alle som Faderen har valgt til å «undervise» Efra'im i disse siste dager vil reise seg, for at Efra'im kan komme til omvendelse og bli «skamfull og angre sine ungdoms synder» (Jer 31:18-19).

- Be om at Efra'im vil opphøre å være «som en enfoldig due uten forstand» og at han vil komme forbi «barnelærdommen» og «gå videre mot det fullkomne» (Hos 7:11; Heb 6:1-17).

- Be om at hele Israel skal få se sannheten om «melo hagoyim» som er lovet Efra'im, og at «mengden av folkeslag» vil komme inn i dets fylde eller fulkommenhet. Be også om at frelse gjennom Y'shua skal komme til hele Israel (1 Mos 48:19; Rom 11:25.26; Ef 4:15; Matt 1:21).

- Be om at YHVH vil bruke vår tids tragiske hendelser til å føre sitt folk til omvendelse og tro på Ham gjennom Jesu utgytte blod (Ob 1:12; Jer 5:12-14; Luk 13:1-5).

- Be om at de alle som søker må forstå at de eneste sanne svarene finnes i evangeliet om Han som betalte prisen for våre synder - Offerlammet (1 Kor 7:23; Matt 27:9).

- Be om at visdom og dømmekraft vil bli gitt til de som har innflytelse over Israel på åndelige, politiske og økonomiske plan (Dan 2:21; 4:32; 5:21; Rom 13:1).

- Be om at Israel's hjord må bli bevart/reddet fra de onde hyrdene som "grumser til vannet og røkter seg selv". Be at fårene blir rykket ut av hendene på disse onde hyrdene. Be om at alle ulver i fåreklær og alle falske profeter blir avslørt som det de i sannhet er (Esek 34; Jer 23:1-3; Matt 7:15).

- Be om at Efra'im må slutte å være sjalu på Juda, uansett om sjalusien gir utslag i vold eller misunnelse om å være jødisk. Be om at Efra'im vil dømme med rettferd, og at de i deres ønske om å bli gjenforent med Juda ikke bytter ut villfarne kristne tradisjoner med villfarne jødiske tradisjoner (Jes 11:13; Jer 31:21-25; Joh 7:24).

- Be om at Efra'ims og Judas hjerter må bli omskåret med kjærlighet til hverandre. Be om at de må lære å ære hverandre og at hver av dem må se **sin rolle** som en del av Israels folk: Efra'im i å fremholde frelse gjennom Messias, og Juda i å fremholde sannhetene i Torah (1 Mos 48:19; 2 Krø 11:4; Esek 37:15-28).

- Be om at Efra'im oppfyller sitt guddommelige kall til å vandre på en måte som hedrer Torah og følgelig frister Juda til å ville ha hva han har. Be om at Efra'im heller vil friste Juda enn å være sjalu på Juda, noe som gjør at han går glipp av sitt kall (Rom 9:25.26; 10:19; 11:11; Hos 1:9.0; 2:23).

- Be om at sløret blir tatt bort fra øynene til begge Israels hus, slik at de kan se sannheten om Y'shua og ikke lenger snuble over Ham (Jes 8:14; Rom 11:25; Joh 2:22).

- Be om at begge hus raskt må forstå YHVH'S plan om en syndfri, seirende hær og at de gir seg fullstendig over til denne store hæren (Jes 11:11-14; 27:6-9; Sak 8:3,7,13; 9:13; 10:7-10; Hos 11:10; Obadja 1:18; Jer 50:4,5,20; 3:14-18; Esek 37:22-26).

- Be om at Efra'im skal «være lik kjemper, og deres hjerter skal bli glade som av vin,» og at «deres barn skal se det og glede seg «, og at «deres hjerter skal fryde seg i Herren» (Sak 10:7).

- Be om at «Y'shua» blir løftet opp i all Sin herlighet og at verden i sannhet vil se Ham som han er, upåvirket av menneskeskapt religion (Jes 11:12).

- Be om fred for Jerusalem! La det gå dem vel som elsker deg; må det råde fred innenfor dine murer, ro i dine saler» (Salme 122:6,7).

- Be om at Jerusalem må bli Sannhetens By og anerkjenne Messias Y'shua som Kongenes Konge (Salme 48:2; Sak 8:3; Matt 5:35; 23:37-39; Åp 17:14; 19:16).

- Be om sikkerhet og helse til de av Juda som har returnert til det lovede landet; be om at deres hjerter blir vendt mot deres fedre og at han skal gi sine engler befaling om dem (Jes 11:11; Luk1:17; Salme 91:11).

- Be om at YHVH, selv om han for andre gang samler de fordrevne av Juda, vil «gjenreise deres rikdom,» og dømme dem som plaget henne (Jes 11:11-13; Joel 3:6-7).

- Be om at «Israels barn kommer, både de og «Judas barn»

og at de «skal gå og gråte» i sann leting etter sin Gud; be om at de vender sine ansikter mot Sion og gir seg til Herren ved en evig pakt, som ikke blir glemt» (Jer 50:4-5).

- Be om at Israels misgjerning blir sonet og utslettet, og at deres hedenske skikker og avguder blir til døde «kalk steiner» som ikke kan reise seg mer (Jes 27:9).

- Be om at Israels mektige må få Ånd fra Den Høyeste (Esekiel 37:10).

- Be om at Israels barn som står i arbeidet for Herrens Kongeriket, skal være sterke og modige; be om at den ånd som bodde i Josva og Kaleb vil være med dem og at vissheten om Den Helliges styrke setter dem i stand til å innta Landet (Josva 1:6-9,18; 10:25).

Amen! La det skje!

KART OG DIAGRAMMER

Forklaringer ang. tid og sted for Efraim og Judas bortførelse

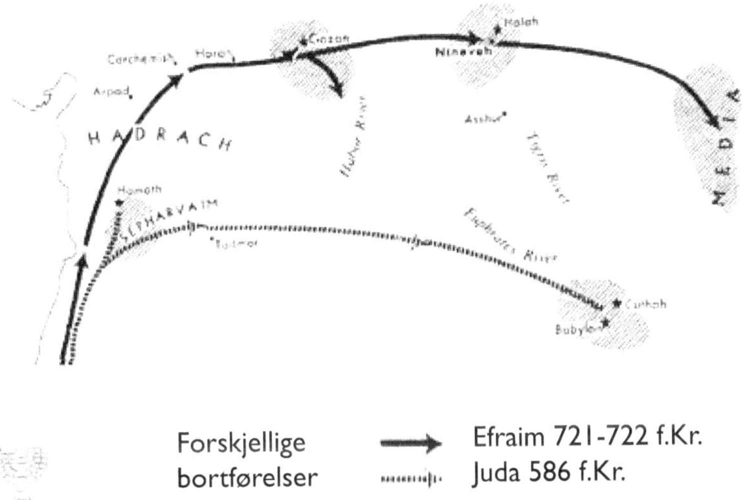

For å forstå Israel riktig, er det viktig at vi forstår at Efraim og Judea ble bortført på ulike tidspunkter og at de ble sendt til forskjellige steder. Det var mer enn 135 år mellom deres bortførelse og så mye som 800 km mellom stedene de ble bortført til.

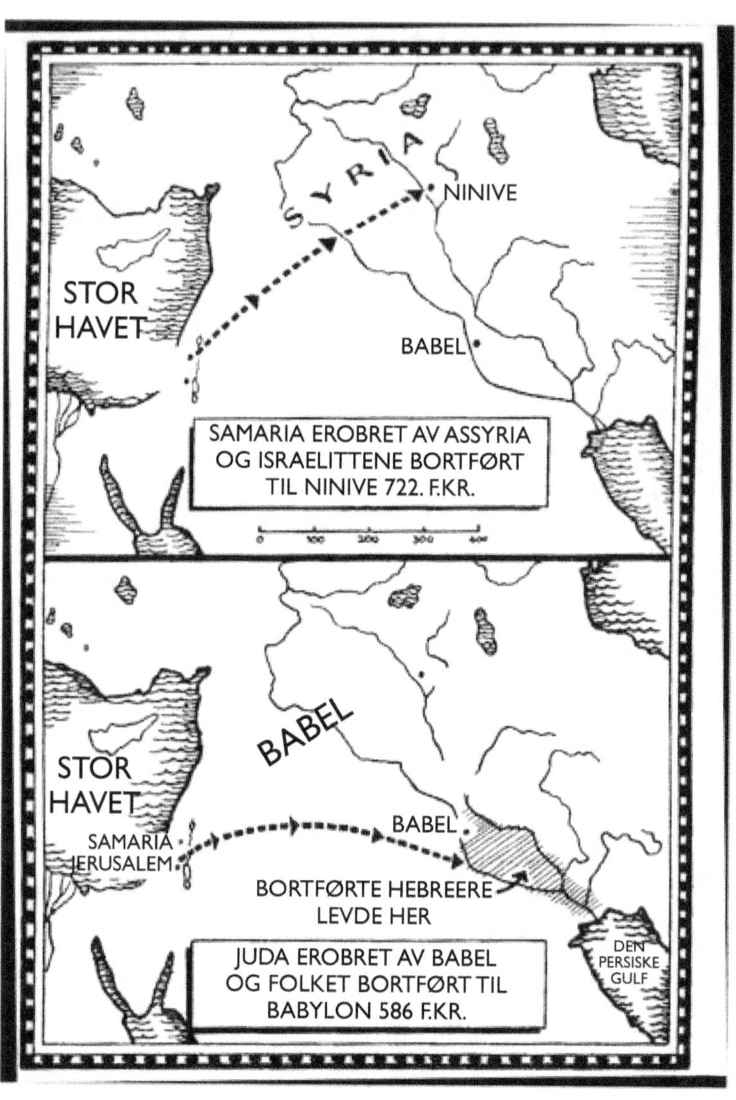

Fra "A map for bible students" av Frederick L. Fay side 18 Old tappan, NJ: Fleming H. Revell. Brukt med tillatelse.

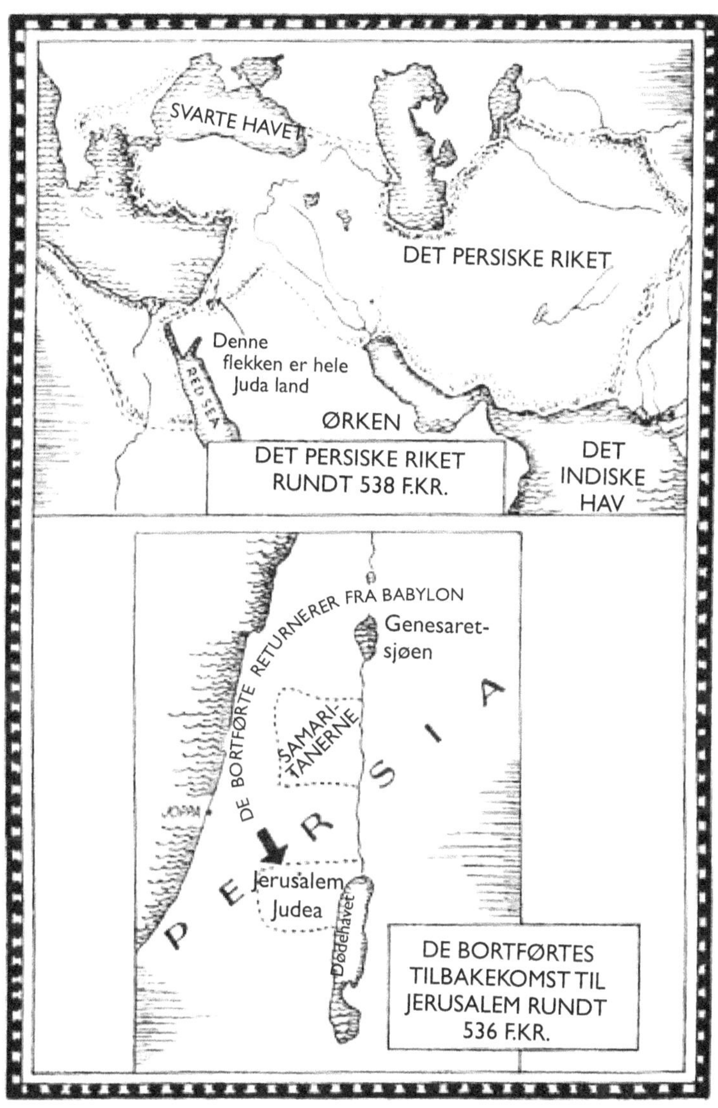

Fra 'En kartbok For Bibelstudenter' av Frederick L. Fay s 20, Old Tappan, NJ: Fleming H. Revell. Brukt med tillatelse.

Våre Israelittiske røtter

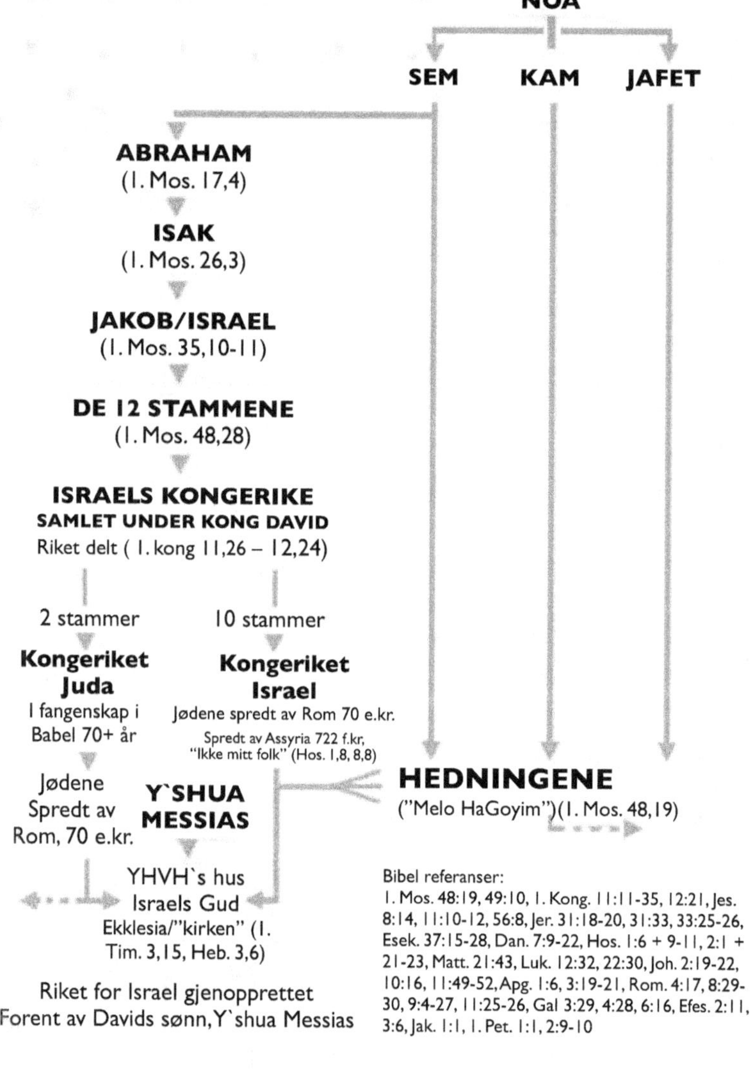

Tegnforklaring:------ Forsvunnet blant nasjonene
Illustrasjon av Jonathan Sexton
© 2002, "Who is Israel?" av Batya Wooten

Riket Israel's fall og gjenreisning

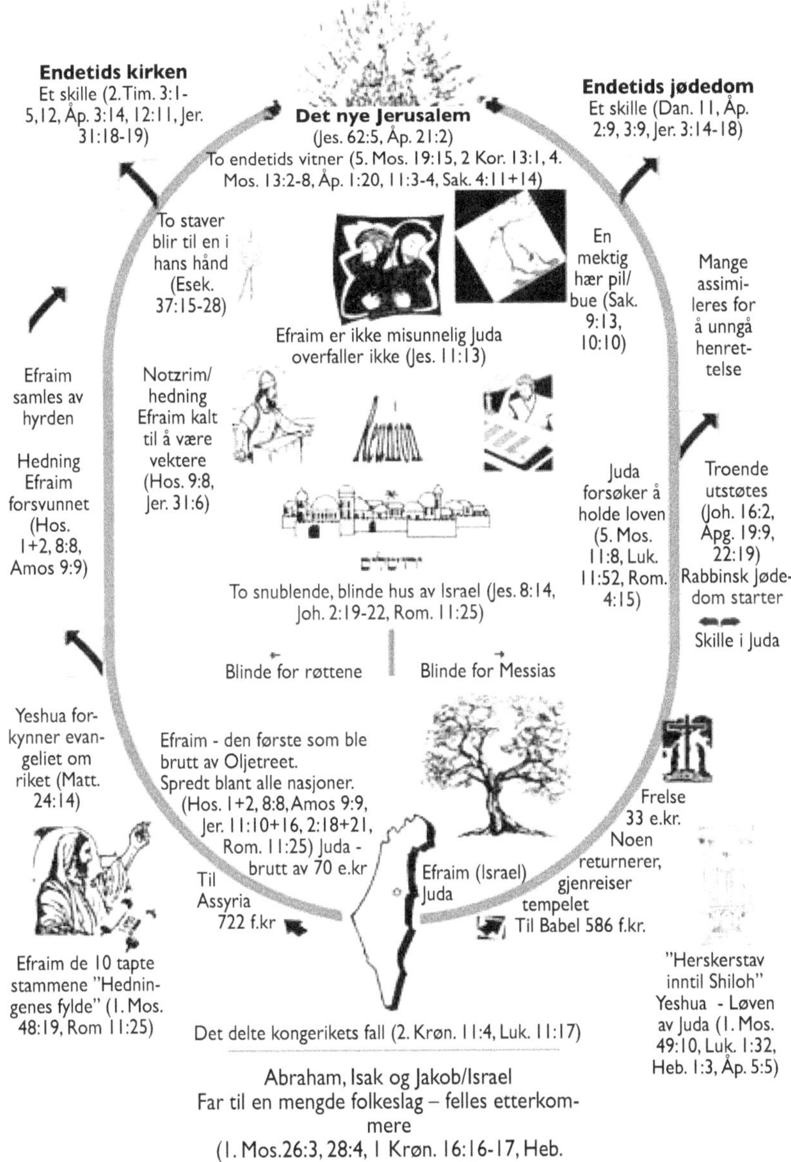

HÅPET TIL "MESSIANC ISRAEL"

"Messianic Israel" tror at Y'shua Ha'natsree (Jesus fra Nasaret) var og er den sanne Messias, Løven av Juda, Rotskuddet som vil gjenforene hele Israel; Han som døde og stod opp igjen og sitter ved den Allmektiges høyre hånd. Han, som i henhold til de gamle Hellige Skriftene, er YHVH Elohim kommet i kjød (menneskelig skikkelse), som Y'shua selv viste og forklarte (5 Mos 18:18-19; Joh 8:58; 10:33; Matt 12:6-8; 9:35; 15:31; Jes 11; 53; Mika 5:2-4; Luk 24:46; Jes 8:14; Joh 2:22; Apg 3:15-17; Heb 13:20; 1 Joh 4:2; 2 Joh 1:7; Åp 5:5; Joh 1:1).

"Messianic Israel" tror at vi er rettferdiggjort i Messias Y'shua. (Han er hjertet i Abrahams betingelsesløse pakt). Tegnet på den Nye Pakten er omskjæring av hjertet, som leder til bekjennelse, frelse, tro, nåde og til gode gjerninger i Messias. Den betingede Moseloven presenterer de evige sannhetene av Torah (YHVH's lære og instruksjoner) til Hans folk, som fremkaller enten velsignelse eller forbannelse (lydighet mot læren avler velsignelse, ulydighet gir mangel på velsignelse). I den Nye Pakten er Y'shuas Lov skrevet i våre hjerter ved Ånden (Rom 4:13-16; 5:2; 10:10; 1 Pet 1:19; 2 Kor 5:21; Gal 3:16.29; Tit 3:5; Heb 10:38; 1 Joh 1:9; Efes 2:8; Jakob 2:14; 5 Mos 28; Esek 36:26; Jer 31:31-33; Heb 10:16; Gal 2:16; Joh 5:46; 10;30; 14:2; 15:10).

"Messianic Israel" er et folk med et hjerte som ønsker å gjenforene Israels oljetre fullkommen – begge grenene – Efra'im og Juda – inn i ett, frikjøpt, Israels folk – gjennom Messias Y'shua. De ønsker å vekke Efra'im fra det dunkle, og ved sann livsførsel, å vekke Juda til Messias – og dermed fremskynde både Y'shuas gjenkomst til jorden og gjenopprettelsen av Riket for Israel (Matt 6:10; 12:25; 21:43; 24:43; Luk 22:29-30; Mark 13:34; Luk 22:29-30; 2 Krø 11:4; Esek 37:15-28; Jer 11:10.16; 2:18.21; Rom 11:17.24; Efes 2:11-22; Apg 1:6).

"Messianic Israel" anser det jødiske folket for å være de identifiserbare representantene og etterkommerne av Juda og «Israels barn, hans medbrødre», og at ikke-jødiske etterfølgere av Messias fra alle nasjoner frem til nå har vært, de uidentifiserbare representantene og etterkommerne av Efra'im og «hele Israels hus, hans medbrødre» (1 Mos 48:19; Hosea 1-2; 5:3; Esek 37:16; Jer 31:6-9; 1 Mos 15:2-5; 26:3; 28:4; Heb 11:9; Jes 56:3,6-8; Efes 2:11-22)."Messianic Israel" stadfester at det Jødiske folket er bevart i identiteten som patriarken Jakobs ætt, YHVH's paktfolk, for å bevare Hans Hellige Torah (Lov), Høytider, og Shabbat (Sabbat); og frelsen av det Jødiske folket gjennom deres antakelse av Messias Y'shua vil være kronen på verket av menneskehetens forløsning. Dette er nødvendig for gjenreisningen av Riket for Israel. Videre er Faderens plan at Efra'im, «den ville oliven grenen», skal oppmuntre Juda til å ville ha hva de har og er kalt til å vandre på en måte som får Juda til å ønske det samme forhold til Israels Gud som de har (1 Mos 48:19; Jes 11:13; 37:31.32; Sak 2:12; Ese 37:15-28; Hos 1:7; Rom 10:19; 11:11.14; Matt 23:39).

"Messianic Israel" tror at de ikke-jødiske etterfølgerne av Y'shua hovedsakelig er returnerte Efra'imitter, de som en gang var blant hedningene/goyim/nasjonene som «Lo-Ammi»(«ikke mitt folk»), men som nå er blitt gjenopprettet til Israels fellesskap gjennom deres pakt med Israels Messias. De er ikke lenger hedninger/goyim av nasjonene, men oppfyller den lovte gjenopprettingen av Efra'im, og Jakobs profeti om at Efra'im ville bli «melo hagoyim» («fylden av hedningene/Goyim/Nasjoner»). Efra'ims identitet har vært et mysterium inntil nylig, men han er samtidig brukt til å bevare vitnesbyrdet av Y'shua, hele Israels Messias. Deres vekkelse, anerkjennelse og presentasjon som Efra'im, og deres union med Juda, er en nødvendighet for å finne frelse for «hele» Israel, og gjenopprettelsen av Riket for Israels (1 Mos 48:19; Hos 1:9-10; 5:3; 8:8; Amos 9:9; Jer 31:18-19; Sak 10:7; Rom 9:24-26; 11:26; Efes 2:11-22).

"Messianic Israel" stadfester at de troende i Y'shua ikke var ment å erstatte Juda (mye omtalt som Israel), men er «Efra'im». De er blant de utkalte (ekklesia) som Faderen i de siste dager, når Skriften bestemmer, skal lede til samband med Juda. Juda (trofaste jøder som anerkjenner den kommende Messias) og Efra'im (trofaste ikke-jødiske etterfølgere av Messias) vil til slutt oppfylle kallet til Israels to hus: at de sammen kan oppfylle profetien om det ene, gjenforente og seierrike Israel (Jer 31:9; Rom 8:29; Kol 1:15.18; 2:12; Heb 12:22-24; 3 Mos 23:2-36; 2 Mos 19:5; 1 Pet 1:1; 2:9; Jer 3:18; 23:6; Sak 8:13; 12:1-5; Matt 25:31-46; 2 Mos 12:48-49; 4 Mos 15:15-16; Jes 56:3,6-8: Esek 37:22).

"Messianic Israel" fastholder at fram til nå har «delvise blindhet» rammet hele Israels hus (begge hus). Når sløret blir tatt bort, vil ikke-jødiske tilhengere i Y'shua oppnå innsikt i deres rolle som Efra'im og vil forsvarere den Bibelske Torah og Juda. På bakgrunn av denne identitets endringen, vil mange Jøder akseptere Y'shua som Messias. Den prosessen vi nå har beskrevet begynte gjennom den Messiansk Jødiske bevegelsen (Juda), den Kristne Sionist bevegelsen (Efra'im), og den Messianske Israel bevegelsen (samband av Juda og Efra'im) (Jes 8:14; 11:13; Rom 11:25.26; Jer 33:14-16; 31:18-19; Esek 37:15-28).

Gjenforening og full gjenoppretting av de to hus -
Det er håpet som brenner i hjerte til "Messianic Israel"...

BATYA RUTH WOOTTEN

I 1977 drev Batya Wootten en bokhandel/katalogfirma som hovedsakelig ble grunnlagt av hennes mann, Angus. Det var behov for forretningen fordi de spesialiserte seg på stoff og bøker om Israel, det jødiske folket, de kristne og sammenhengen mellom dem. På den tiden var interessen for temaet laber. Noen reagerte endog med fiendskap.

Fordi hun følte et ansvar for innholdet i bøkene de solgte, men også slik at hun kunne skrive katalogbeskrivelser for dem, leste hun talløse bøker om emnet Israel.

Til hennes forskrekkelse oppdaget hun et mangfold av meninger om Israels sanne rolle i verden, dets fremtid, og viktigst, om Israels identitet. Hun opplevde dette vanskelig.

Batya og Angus hadde uendelige diskusjoner om «Israel». Så, ved å være i åndelig nød over emnet, begynte Batya å rope til sin Himmelsk Far om Hans svar på hennes aktuelle spørsmål, «Hvem er Israel?» Israels Gud svarte henne slik som han i sitt ord lover å svare den som ber. Han begynte å åpne de Hellige Skriftene for henne og tilfredsstilte hennes hjerterop. Dette ledet til hennes først bok «In Search of Israel» og videre til «The Olive Tree of Israel». Deretter skrev hun den omfattende boka «Who is Israel?» (1998, 2000) og dets følgesvenn «Study Guide» (2001). Så kom boka som du nå holder i din hånd, «Ephraim and Judah - Israel Revealed» (på norsk "Efra'im og Juda – Israels hemmelighet").

Batyas bøker representerer flere tiår av studier, diskusjon, bønn, og meditasjon over dette avgjørende temaet. Leserne vil finne åpenbaringer og innsikt som gir en god og evig forandring. Sannelig vil de bidra til å gjenopprette et brorskap som ble brutt for lenge siden.

Batya er også forfatteren av den kommende boka, «Israel's Feasts and Their Fullness» (Våren, 2002). Hun er gift med sin beste venn, Col. Angus Wootten (ret.), forfatter av den visjonære boka, «Restoring Israel's Kingdom».

Sammen har Angus og Batya ti barn som har velsignet dem med mange barnebarn og oldebarn. Ved å arbeide "som hånd i hanske", har Angus og Batya vært pionerer for The House of David Catalouge (det første av sitt slag). Denne «non-profit» forretningen ble snart en offisiell «non-profit» organisasjon (i 1982). Denne endringen, ikke bare i status men også i fokus, førte til at de begynte å publisere opplysende månedlige nyhetsbrev, *House of David Herald*, som til slutt ble et magasin, *The Messianic Israel Herald*. De har også utviklet det informative nettstedet til "Messianic Israel": www.messianicisrael.com— som igjen førte til grunnleggingen av "Messianic Israel" Alliansen— en hurtigvoksende Allianse av menigheter, synagoger og fellesskap som er enige i håpet til "Messianic Israel". Et innviet hyrderåd/ eldsteråd tjener denne banebrytende alliansen.

Angus og Batyas innsats har tjent, og tjener fortsatt, til å utvikle større forståelse og ny innsikt om Israels Gud og Hans utvalgte folk.

Bli velsignet ved å lese deres bøker.

«Den som blir undervist i Ordet, skal dele alt godt med den som lærer ham» (Gal 6:6).

Hvis du opplever at denne boka har utrettet gode ting i livet ditt, vær så snill og skriv og del de gode nyhetene med meg.

Skriv til:
Batya Wootten
PO Box 700217,
Saint Cloud, FL 34770
e-mail: batya@mim.net

www.ingramcontent.com/pod-product-compliance
Lightning Source LLC
Chambersburg PA
CBHW070554160726
48003CB00005B/2046